neukirchener
theologie

Markus Witte

Vom Gott des Lebens

Predigten über Texte aus dem
Alten Testament

Mit einer Einführung in seine
Bedeutung für Glaube, Theologie
und Kirche

2015

Neukirchener Theologie

© 2015
Neukirchener Verlagsgesellschaft mbH, Neukirchen-Vluyn
Alle Rechte vorbehalten
Umschlaggestaltung: Andreas Sonnhüter, Niederkrüchten
Lektorat: Volker Hampel
DTP: Heye Jensen
Gesamtherstellung: Hubert & Co., Göttingen
Printed in Germany
ISBN 978–3–7887–3023–9 (Print)
ISBN 978–3–7887–3024–6 (E-Book-PDF)
ISBN 978–3–7887–3025–3 (E-Pub)
www.neukirchener-verlage.de

Bibliografische Information der Deutschen Nationalbibliothek

Die Deutsche Nationalbibliothek verzeichnet diese Publikation in der Deutschen Nationalbibliografie; detaillierte bibliografische Daten sind im Internet über http://dnb.d-nb.de abrufbar.

Vorwort

Eine Predigt ist öffentliche Deutung von Leben aus der Perspektive eines biblischen Textes. Sie hat ihren eigentlichen Ort in einer bestimmten zeitgeschichtlichen Situation, richtet sich an eine konkrete Gemeinde und vollzieht sich im Modus mündlicher Rede. Als ein solches aktuelles, einmaliges und von der Kommunikation zwischen Gemeinde und Predigendem lebendes Geschehen entzieht sich eine Predigt eigentlich der späteren Veröffentlichung in Schrifttum.

Wenn ich hier dennoch ausgewählte Predigten über Texte aus dem Alten, und in einem Fall, aus dem Neuen Testament, die ich in den Jahren 2002 bis 2015 überwiegend in Universitätsgottesdiensten gehalten habe, in schriftlicher Form vorlege, dann hat dies einen doppelten Anlass: zum einen den Wunsch zahlreicher Hörer und Hörerinnen, das Gepredigte noch einmal nachlesen zu können, zum anderen – und dies ist der ausschlaggebende Grund für die Publikation – die jüngst entflammte Diskussion über die kanonische Geltung des Alten Testaments. Mit der den hier abgedruckten Predigten vorangestellten Einleitung zur bleibenden Bedeutung des Alten Testaments für den christlichen Glauben, die christliche Theologie und die Kirche wird auf diese mitunter sehr heftig und weit über die Grenzen der theologischen Wissenschaft hinaus geführte Debatte reagiert. So verbindet sich mit dem vorliegenden Buch die Hoffnung, dass diese Predigten über alttestamentliche Texte auch in einer schriftlichen und ihrem ursprünglichen Kontext enthobenen Form die Funktion erfüllen können, dem Gott des Lebens nachzuspüren und so das Leben zu verstehen. Zugleich zeigen sie hoffentlich, dass jegliche christliche Rede von Gott angewiesen ist auf das Wort Gottes, wie es im Alten Testament in vielfältiger Weise Gestalt angenommen und immer wieder neue Auslegungen erfahren hat.

Die Anordnung der Predigten folgt der Bücherfolge in der Lutherbibel, die letztlich auf die Reihenfolge der biblischen Schriften in der Septuaginta und der Vulgata zurückgeht, auch wenn ihr, wie der Einheitsübersetzung und der Zürcher Übersetzung, der Wortbestand der Hebräischen Bibel zugrundeliegt. Natürlich wäre auch eine Anordnung gemäß der Bücherfolge in der Hebräischen Bibel denkbar gewesen, doch sind Hebräische Bibel und Altes Testament, wie ich in der Einführung erläutere, hermeneutisch und kanonsgeschichtlich nicht dasselbe.

Die den Predigten vorangestellte Einführung in die Bedeutung des Alten Testaments geht in ihrer Substanz auf eine öffentliche Disputation zur kanonischen Geltung des Alten Testaments zurück, die Herr Kollege Notger Slenczka (Theologische Fakultät Berlin), Frau Kollegin Hanna Liss (Jüdische Hochschule Heidelberg) und ich am 10.7.2015 vor über 600 Hörern und Hörerinnen im Audimax der Humboldt-Universität zu Berlin geführt haben, und nimmt Überlegungen auf, die ich in dem kleinen Band „Jesus Christus im Alten Testament" (2013) ausführlicher entfaltet habe.

Den Predigten wurden, sofern zum Verständnis der zeitgeschichtlichen Situation nötig, für die Druckfassung Fußnoten beigegeben. Der Wortlaut der Predigttexte ist zumeist der Lutherübersetzung (1984) oder der Einheitsübersetzung (1980) entnommen. Wo ich auf eine andere Übersetzung zurückgegriffen habe, ist dies eigens angegeben. Bibelstellen werden nach den Loccumer Richtlinien abgekürzt. Hebräische und griechische Wörter gebe ich in einer vereinfachten Umschrift wieder. Für die Erstellung der Druckvorlage danke ich herzlich Herrn Heye Jensen. Beim Lesen der Korrekturen hat mich dankenswerterweise meine Tochter Zora unterstützt. Dem Neukirchener Verlag, zumal in Person von Herrn Dr. Volker Hampel, danke ich sehr für die Aufnahme der Sammlung in sein Verlagsprogramm.

Gewidmet ist der Band den Menschen, welche die hier abgedruckten Predigten erstmals in Frankfurt am Main, in
Gießen oder in Berlin gehört haben.

Berlin, September im 2015   Markus Witte

Inhalt

Zur Bedeutung des Alten Testaments für den christlichen Glauben, die christliche Kirche und die christliche Theologie

> „Der Grund der Theologie ist Bibel und der Grund des N. T. ist das alte. Unmöglich verstehn wir jenes recht, wenn wir dieses nicht verstehen: denn Christenthum ist aus dem Judenthum hervorgegangen, der Genius der Sprache ist in beiderlei Büchern derselbe." (Johann Gottfried Herder, 1782).[1]

Beide großen Bekenntnisse der christlichen Kirchen, das Apostolische Bekenntnis (Apostolicum) im Bereich der römisch-katholischen und der reformatorischen Kirchen, das Nizäno-Konstantinopolitanische Bekenntnis (Nicänum) im Bereich der orthodoxen Kirchen, spiegeln bereits mit ihrem ersten Satz, in dem sie den Glauben an Gott als den Vater, den Allmächtigen und den Schöpfer des Himmels und der Erde ausdrücken, die Bedeutung des Alten Testament für den christlichen Glauben, die christliche Kirche und die christliche Theologie. Jedes Element dieser Einleitung hat eine Wurzel im Alten Testament und im frühjüdischen Schrifttum. Der Glaube an Jesus Christus, der in den dann folgenden Zeilen beider Bekenntnisse artikuliert wird, hat das Vertrauen auf Gott als Vater, wie ihn das Alte Testament als Leben schenkende, Geschichte machtvoll gestaltende und Sinn stiftende Größe beschreibt, zur Voraussetzung. Christlichen Glauben gibt es nach diesen Bekenntnissen nur in der Rückbindung des Glaubens an den Gott, der sich in der Schöpfung, in der Geschichte Israels und in den Psalmen Israels als der Gott des Lebens erwiesen hat – und immer wieder als lebendiger Gott erweist. Indem die

---

[1] J.G. Herder, Vom Geist der Ebräischen Poesie. Eine Anleitung für die Liebhaber derselben und der ältesten Geschichte des menschlichen Geistes (Erster Theil, Dessau 1782, zweite Auflage Leipzig 1787), in: Herders Sämmtliche Werke, hg. v. B. Suphan, Bd. XI, Berlin 1879, S. 222.

Einleitung des Apostolicums und des Nizänums alle christlichen Kirchen verbindet, steht sie stellvertretend für die Bedeutung des Alten Testaments für die christliche Kirche. Indem beide Bekenntnisse bis heute ein Gegenstand der wissenschaftlichen Erforschung, der Auslegung und der Adaption an den gegenwärtigen Glauben und das gegenwärtige Leben der Kirche sind, unterstreichen sie die Bedeutung des Alten Testaments für die christliche Theologie. Wenn nun aus der christlichen Theologie selbst, sei es aus literatur- und religionsgeschichtlichen, aus religionspsychologischen und religionsdialogischen oder aus theologischen Gründen, Zweifel an der Bedeutung des Alten Testaments für den christlichen Glauben, die christliche Kirche und die christliche Theologie erhoben werden, dann gilt es, an Grundlagen der christlichen Rezeption der im Alten Testament versammelten Schriften und an wesentliche Formen seines Verstehens zu erinnern.

1

Im Neuen Testament finden sich etwa 350 Zitate aus dem Alten Testament; hinzu kommen 3400 Anspielungen auf alttestamentliche Texte.[2] Das Alte Testament, das zur Zeit der frühchristlichen Schriften noch nicht so heißt, sondern, wie auch im heutigen Judentum, einfach unter dem Namen „die Schrift" (Lk 4,21; Röm 4,21) oder „Mose, die Propheten und die Schriften" (Lk 24,27), gelegentlich auch im Blick auf die Fünf Bücher Mose / den Pentateuch als „das Gesetz (des Mose)" (griech. *nómos*, hebr. *tôrāh* / die Weisung (vgl. Mt 5,17; 1Kor 9,9) erscheint, ist die Bibel der frühen Christen. Es ist das Buch, mit dessen Hilfe sie das Leben Jesu beschreiben und deuten. Es ist das Werk, das den neutestamentlichen Autoren die Begriffe und die

---

[2] Die Zahlen basieren auf dem Index der loci citati vel allegati im Novum Testamentum Graece, 28. revidierte Aufl., hg. vom Institut für Neutestamentliche Forschung Münster, Stuttgart 2012. In der Forschung finden sich unterschiedliche Zahlenangaben, da nicht immer eindeutig ist, ob es sich jeweils um ein wirkliches Zitat oder „nur" um eine begriffliche oder motivische Parallele handelt.

Bilder zur Darstellung des Handels Gottes in Jesus gibt. Aus den Schriften des Alten Testaments wie aus weiteren jüdischen Schriften des antiken Judentums, die nicht in den späteren Kanon aufgenommen werden, stammt der Titel des Messias, des Gesalbten. In seiner griechischen Form *christós* wurde der alte Titel der judäischen Könige zum Beinamen Jesu von Nazareth und zum Programm seiner Funktion in der Geschichte Gottes mit Israel und, vermittelt über dieses, mit der Welt. Das Alte Testament ist das Lebens-, Lehr- und Gebetbuch des sich aus dem Judentum entwickelnden Christentums.

Bei der Anwendung der Schriften des Alten Testaments bedient sich das frühe Christentum grundsätzlich derselben Methoden, wie sie im zeitgenössischen Judentum in unterschiedlicher Profilierung in den Schriften von Qumran, bei Philo von Alexandria oder in frühen Targumen, aber auch in der nichtjüdischen griechischen Welt zur Deutung von Traditionstexten, wie z.B. der Werke Homers, üblich sind. So findet sich im Neuen Testament zunächst die allegorische Auslegung. Hier wird nach einer verborgenen Dimension im auszulegenden Text gefragt, die dann entschlüsselt wird. Als eine Sonderform der Allegorie begegnet die Typologie, bei der im auszulegenden Text ein Prototyp für eine spätere Figur oder ein späteres Ereignis gesehen wird. Schließlich kann der Text eschatologisch ausgelegt werden. Dabei wird der Text als eine Weissagung auf ein endzeitliches Geschehen verstanden. Dieses Geschehen kann auch im Sinn einer präsentischen Eschatologie in der als Endzeit verstandenen Gegenwart als realisiert betrachtet werden. Spezifisch christlich wird eine allegorische, typologische oder eschatologische Auslegung dadurch, dass sie das in den Schriften des antiken Judentums Erzählte oder Prophezeite auf das Handeln Gottes in Jesus von Nazareth bezieht. Im Zuge der Auslegung von Texten aus der Tora, den Propheten und den Psalmen wird dieser als Messias / Christus gedeutet. Insofern kennzeichnet die neutestamentliche Aufnahme der alttestamentlichen Texte eine messianische bzw. christologische, d.h. auf Christus orientierte und zentrierte Auslegung.

Ein charakteristisches und vielschichtiges Beispiel einer auf
Jesus Christus bezogenen allegorischen Schriftauslegung
bietet Paulus im Galaterbrief. So bezieht Paulus in Gal
4,21–31 die Erzählungen von Abraham, seiner Frau Sara,
deren Magd Hagar sowie den von diesen beiden Frauen
geborenen Söhnen Isaak und Ismael (vgl. Gen 16; 21) auf
das Verhältnis zwischen dem an das „Gesetz" gebundenen
Weg zu Gott und dem durch den Glauben an Jesus Christus ermöglichten Heil. Paulus deutet die Magd Hagar aufgrund einer eigenwilligen arabischen Etymologie als Chiffre
für den in Arabien lokalisierten Berg Sinai, an dem nach Ex
19 die Tora offenbart wurde. In Sara, der Freien, sieht er
die Mutter des Sohnes der Verheißung (vgl. Gen 18,10),
des Sohnes der Freiheit vom „Gesetz". Isaak erscheint als
eine Chiffre für Jesus Christus und für die an ihn Glauben-
den (vgl. Röm 9,7; Hebr 11,18).
Typologische Auslegungen finden sich im Neuen Testament für fast alle großen Figuren und Ereignisse, die in der
alttestamentlichen Darstellung der Geschichte Israels eine
zentrale Rolle spielen, so, wenn beispielsweise Adam, die
Erzväter, Mose, David, Salomo oder Elia bzw. der Exodus
oder die Bewahrung Israels auf der Wüstenwanderung als
Vorbilder Jesu Christi bzw. als frühgeschichtliche Modelle
des Handelns Gottes in Jesus Christus verstanden und zugleich zur Deutung von dessen Leben, Tod und Auferstehung herangezogen werden. Jeweils spezifische Funktionen
der einzelnen Figuren oder bestimmte Geschehensstruktu-
ren werden typologisch auf Jesus Christus hin gelesen, z.B.
die universalen Auswirkungen der Sünde Adams,[3] das be-
freiende Handeln Gottes im Exodus,[4] die Rettung Israels in
der Wüste durch Mose[5] oder die Weisheit Salomos[6]. Eine
besonders ausgestaltete Typologie bietet der Hebräerbrief,
wenn er auf die in Gen 14,18–22 und davon abhängig in

---

[3] Vgl. Röm 5,14 mit dem Rückgriff auf Gen 2–3.
[4] Vgl. Mt 2,15 mit der Zitierung von Hos 11,1 oder 1Kor 10,1–4 in
Verbindung mit einer allegorischen Auslegung von Ex 17,6.
[5] Vgl. Joh 3,14–16 mit Num 21,4–9.
[6] Vgl. Mt 12,42 *par.* Lk 11,31.

Ps 110,4 genannte Figur des Melchisedek zurückgreift. So versteht der Hebräerbrief diesen Melchisedek als Urbild des Hohepriesters und als Prototyp eines als Priester tätigen Jesus Christus.[7] Die Melchisedek-Typologie des Hebräerbriefs zeigt, wie frühchristliche Autoren an einem im Judentum in hellenistisch-römischer Zeit verbreiteten Auslegungsdiskurs – hier an den auch über das Schrifttum aus Qumran (11Q13) bekannten Melchisedek-Spekulationen – teilhaben und wie sie zentrale jüdische Vorstellungen über den Tempel, den Priesterdienst, das Opfer und die Sühne zur Deutung von Person und Werk Jesu Christi heranziehen.

Die sowohl für den Schriftgebrauch Jesu als auch für den der neutestamentlichen Autoren wichtigste Hermeneutik stellt das eschatologische Verständnis der Schriften Israels dar. Eine eschatologische Interpretation ist nicht auf die Auslegung futurisch ausgerichteter Texte wie prophetischer Orakel beschränkt. Sie kann sich auch auf gegenwartsbezogene Texte wie weisheitliche Mahnungen oder Klage- und Bittgebete erstrecken. Bereits innerhalb der Schriften Israels findet sich spätestens seit dem 4./3. Jh. v. Chr. eine eschatologische *relecture* älterer Texte. So wurden in die Geschichtsbücher eschatologische Texte eingebettet.[8] Die Prophetenbücher wurden zu einem zwei- oder dreigliedrigen universalen endzeitlichen Drama ausgestaltet, das über die Stufen des Gerichts an Israel, an den Völkern und an der gesamten Welt zum endgültigen von Gott gewirkten Heil führt. Alte Jahwe-König-Psalmen[9] wurden in Lieder von Gottes endzeitlichem Königtum umgeformt und einzelne Weisheitstexte[10] erhielten einen eschatologischen Ausblick. Im zeitlichen Umfeld des Auftretens Jesu belegen aus Qumran bekannte jüdische Kommentare (*Pescharim*)

---

[7] Vgl. Hebr 2,17; Hebr 7,1ff.; 8,1–6; 9,11.
[8] Vgl. Gen 49,8–12*; Num 24,15–24*; 1Sam 2,1–10*.
[9] Ps 29; 47; 93; 96–99.
[10] Ps 37; Spr 2.

zu einzelnen Prophetenbüchern und Psalmen eine vergleichbare eschatologische Interpretation.[11]
Charakteristisch für das im Neuen Testament vorliegende eschatologische Verstehen sind zwei Punkte: Erstens hat bereits Jesus selbst seine Person und sein Auftreten mit Metaphern gedeutet, die in den Schriften Israels auf die Endzeit bezogen sind. Dies gilt für die vor allem in den prophetischen Büchern, einzelnen Psalmen und in den apokalyptischen Passagen des Danielbuchs ausgedrückte Vorstellung von der im Anbruch befindlichen endgültigen Königsherrschaft Gottes,[12] und dies gilt für den vor allem im nicht kanonisch gewordenen, frühjüdischen apokalyptischen Schrifttum beheimateten Titel „Menschensohn". Die traditionsgeschichtliche Entwicklung und das alttestamentliche Verwendungsspektrum des Titels „Menschensohn" umfassen die einfache Kennzeichnung eines Menschen in seiner Beziehung zu Gott (Ps 8,5), die spezifische Bezeichnung des Propheten Ezechiel (Ez 2,1) sowie die Titulierung einer vieldeutigen endzeitlichen, himmlischen (Retter-)Gestalt (Dan 7,13)[13]. Zweitens haben die frühchristlichen Autoren, mit charakteristischen Differenzen im jeweiligen eschatologischen Wirklichkeitsverständnis, Leben, Tod und Auferstehung Jesu als Erfüllung „alttestamentlicher" Weissagungen interpretiert.
Wie die unterschiedlichen alttestamentlichen Eschatologien ihr Zentrum im endgültigen Handeln des einen und einzigen Gottes Jahwe finden, so gilt für alle neutestamentlichen Autoren, dass sie in Jesus Christus das unumkehrbare und unüberbietbare Heilshandeln dieses Gottes sehen. Dementsprechend kennzeichnet die Rezeption der alttestamentlichen Schriften im Neuen Testament der „eschatologische Weissagungsbeweis". Auf diese Weise wird Jesus mit unterschiedlichen, im antiken Judentum für die Endzeit erwarteten Heilsfiguren identifiziert, und so werden die entscheidenden Situationen seines Lebens von der Geburt bis zum

---

[11] Vgl. z.B. 1QpHab oder 4Q171.
[12] Vgl. Jes 24,23; Mi 4,7; Sach 14,17; Ps 96–99; 145–146; Dan 7,27.
[13] Vgl. 1Henoch 46,1–6; 4Esra 13,3–4.

Tod am Kreuz und der Auferstehung als ein schriftgemäßes Handeln Gottes interpretiert.[14] Dabei kann der auf Jesus Christus bezogene Weissagungsbeweis auf die ausdrückliche Zitation von Einzelstellen und auf die gesamte aus Tora und Propheten bestehende, im Bereich der sogenannten Hagiographen (*Ketuvim*) noch im Werden befindliche Sammlung der heiligen Schriften Israels rekurrieren. Beispielsweise stellt Lukas den auferstandenen Christus als den exemplarischen Ausleger der Schriften Israels dar (Lk 24,27). Aus dieser Charakterisierung spricht zugleich das frühchristliche Bewusstsein einer so erst durch Jesus Christus ermöglichten Lektüre der Schriften Israels (vgl. Apg 8,26–40; 2Kor 3,12–18).

Im Rahmen der eschatologischen Interpretation wird mitunter eine scharfe Antithetik zwischen dem als endgültige Offenbarung Gottes verstandenen Jesus Christus und den dann als vorläufig oder überholt betrachteten Offenbarungen Gottes vor Abraham und Mose, wie sie in der Tora verschriftet sind, aufgebaut. In diesem Fall erscheint Jesus Christus nicht primär als Erfüllung, sondern als Überbietung alttestamentlicher Heilsvorstellungen. Das Alte Testament wird dann zur Kontrastfolie der Darstellung von Leben und Werk Jesu Christi.[15] Auch eine solche Form antithetischen oder überbietenden Schriftverständnisses ist von ihrer Struktur her nicht eigentlich christlich. Dies belegen die inneralttestamentliche Kritik an der Tora des Mose bzw. am Umgang mit dieser seitens bestimmter weisheitlicher und prophetischer Autoren[16] sowie esoterische Texte aus Qumran[17] oder die frühjüdische Henochüberlieferung. Die antithetische Auslegung hat aber durch die exklusive Bindung an Jesus Christus eine neue Dimension erreicht. Noch deutlicher als bei der Allegorie und bei der Typologie zeigt sich beim eschatologischen Weissagungsbeweis und

---

[14] Vgl. Mt 2,5–6 *versus* Mi 5,1 bzw. 1Kor 15,3–4 *versus* Jes 53,4–5; Hos 6,2; Ps 16,8–11.
[15] Vgl. Joh 1,17; 7,23; 8,17f.; 10,34–36; Röm 3,21f.; Gal 2,21; Hebr 3,1–6.
[16] Vgl. Hi 31 bzw. Jer 31.
[17] Vgl. 1Q26/4Q415–418.

bei der antithetischen Gegenüberstellung die Wechselwir-
kung zwischen dem auf Jesus Christus hin ausgelegten Alten Testament und der Deutung von Person und Werk Jesu mittels des Alten Testaments. So erschließt sich hier das
Alte Testament von Jesus Christus her wie umgekehrt das
Alte Testament das Verständnis Jesu Christi ermöglicht.

Schon für die neutestamentliche Aufnahme des Alten Testaments ist wesentlich, dass das Gelesene verstanden wird.
Glaube und Verstehen gehören für das Christentum, das in
dieser Hinsicht ein Erbe der frühjüdischen kritischen
Weisheit (Hiob, Kohelet, zum Teil auch Jesus Sirach) ist,
von seinen Anfängen an zusammen. Beispielhaft zeigt sich
dies an der Erzählung vom äthiopischen Beamten, der bei
der Lektüre einer Jesajarolle dem Apostel Philippus begegnet und sich mit der Frage konfrontiert sieht: „Verstehst
du, was du liest?" (Apg 8,30–36). Das von Philippus bzw.
vom Verfasser der Apostelgeschichte gemeinte Verstehen
bezieht sich auf eine typologische Identifikation des in Jes
53,7–8 genannten Gottesknechtes mit Jesus Christus. Der
stellvertretende Tod des leidenden Gerechten aus Jes 52–53
wird hier als Vorbild des stellvertretenden Todes Jesu verstanden, dessen Biographie im Neuen Testament selbst
nach dem Muster des alttestamentlichen Motivs eines leidenden Gerechten und eines verfolgten Propheten gestaltet
werden kann. Das Alte Testament wird hier im Zusammenspiel mit dem Christusereignis zum Grund des Glaubens und zum Mittel dieses zu verstehen.

2

Die im Neuen Testament vorhandenen Auslegungs- und
Verstehensmethoden des Alten Testaments prägen den
Umgang des Christentums mit *den* Schriften des antiken
Judentums, die sich im Laufe des zweiten und dritten Jahrhunderts zu einer mehr oder weniger fest abgegrenzten
Gruppe von Schriften zusammenfinden, die spätestens im
vierten Jahrhundert als kanonisch gelten und die fortan
gemeinsam mit einer Auswahl von frühchristlichen Schriften, die den Kriterien der apostolischen Herkunft und der

Geltung in der gesamten Ökumene genügen, in *einer* Bibel tradiert werden.[18] Wie hinter der Idee eines nun aus Altem und Neuem Testament bestehenden Kanons die Vorstellung von der Identität des von beiden Testamenten bezeugten Gottes und seines Handelns steht, so finden auch die oben skizzierten Methoden auf beide Testamente ihre Anwendung. Es ist die eine, aus zwei Teilen verbundene Bibel, die im Christentum bis in die frühe Neuzeit ganz überwiegend allegorisch, typologisch oder eschatologisch verstanden wird.

Die im Mittelalter entfaltete Lehre vom vierfachen Schriftsinn, demgemäß zwischen erstens einem wörtlichen (ereignishaften) Sinn, dem Literalsinn, zweitens einem allegorischen/typologischen (auf den *Glauben* bezogenen) Sinn, drittens einem moralischen/tropologischen (auf das Handeln, die tätige *Liebe* bezogenen) Sinn und viertens einem eschatologischen/anagogischen (auf die *Hoffnung* auf das zukünftige Handel Gottes bezogenen) Sinn unterschieden werden kann, oder Luthers Reduktion des vierfachen Schriftsinns auf einen wörtlichen und einen auf Christus bezogenen Sinn, entsprechen prinzipiell und strukturell den im Neuen Testament vorhandenen Auslegungen. Allerdings finden sich von der Alten Kirche an immer wieder auch kritische Anfragen an die Gleichsetzung des im Alten Testament beschriebenen Gottes mit dem Gott des Neuen Testaments. Dabei sind es vor allem Bilder eines kriegerischen oder gewalttätigen Gottes, die als unvereinbar mit dem Gott der Liebe angesehen werden. So führt bei Marcion von Sinope (um 85 bis 160 n. Chr.)[19] eine scharfe Antithetik alt- und neutestamentlicher Aussage zu einer Aufspaltung des Gottesbildes in ein vermeintlich jüdisches und in ein vermeintlich christliches Bild sowie zur Forderung,

---

[18] H. Freiherr von Campenhausen, Die Entstehung der christlichen Bibel, BHTh 39, Tübingen 1968; R. Beckwith, The Old Testament Canon of the New Testament Church and Its Background in Early Judaism, London 1985 (^{3}2003).
[19] Vgl. knapp zu Leben und Wirken: K. Beyschlag, Marcion von Sinope, in: M. Greschat (Hg.), Gestalten der Kirchengeschichte I, Stuttgart u.a. 1984 (Nachdr. 1993), S. 69–81.

das Alte Testament aus dem Bestand der heiligen Schriften
des Christentums auszugliedern und die neutestamentlichen Schriften von allem Alttestamentlichen (Jüdischen) zu
reinigen. Die Kirche hat gegenüber solchen Forderungen,
die im Laufe der christlichen Auslegungsgeschichte punktuell immer wieder auftauchten, am Alten Testament und
seiner Kanonizität festgehalten. Wesentliche Formulierungen ihrer grundlegenden Gebete und Bekenntnisse verdanken sich einzelnen im Alten Testament entwickelten und
begründeten Gottesvorstellungen. Weder das Vaterunser
noch das Apostolische Glaubensbekenntnis sind ohne die
frühjüdische Gebetssprache und die im Alten Testament
entfalteten Vorstellungen von Gott als Schöpfer, König,
Herr über Leben und Tod, Richter und Spender eines
Geistes, der das Leben als Geschenk erfahren lässt, denkbar.
Durchgehend zeigt sich in der christlichen Frömmigkeits-
geschichte, dass dort, wo der Glaube in der Anfechtung
steht, wo das Leben in die absolute Krise geraten ist, die
alttestamentlichen Psalmen und die im Hiobbuch versammelten Deutungen des Leidens, in Sprache verleihen und
Sinn entdecken lassen.
Mit dem Aufkommen der historischen Bibelkritik, die unter dem Einfluss von Aufklärungsphilosophie und Roman-
tik nach den historischen Ursprüngen, nach der ursprünglichen Situation, Intention und Zielgruppe eines biblischen
Textes fragt, wurde die Kritik am Alten Testament oder an
einzelnen alttestamentlichen Schriften, wie sie vereinzelt in
der Alten Kirche oder im Mittelalter und in der frühen
Neuzeit laut wurde, auf eine ganz neue Basis gestellt. Die
Erkenntnis, dass die im Alten Testament versammelten
Schriften eine Entstehungszeit von rund tausend Jahren
haben, dass sie ganz unterschiedliche Gattungen und Sitze
im Leben aufweisen, dass sie einem vielfältigen Prozess von
Selektion, Redaktion und Transformation unterlagen, dass
sie ursprünglich an Menschen in Israel und Juda gerichtet
waren und sie im historischen Sinn nicht von Jesus Christus reden, ließ zunehmend die Fragen aufkommen, welche
Rolle diese Schriften für den christlichen Glauben, die Kirche und die Theologie spielen.

Gelten die Schriften des Alten Testaments nicht primär oder gar ausschließlich Israel? Können Dokumente einer altorientalisch-hellenistischen Religion überhaupt Anspruch auf Geltung im Horizont des Christentums erheben? Handelt es sich bei der christlichen Rezeption der Schriften des antiken Judentums nicht um ein religionsgeschichtliches Fossil, das mit gegenwärtigem religiösen Empfinden nicht mehr vereinbar und daher aufzugeben ist? Wie lassen sich die Erzählungen von Krieg und Vernichtung ganzer Völker im Buch Josua, die Rede von Gottes Zorn und Strafe oder die Gebete um Rache an den Feinden mit dem christlichen Glauben vereinbaren? Liegt mit einer Verwendung des Alten Testaments im persönlichen Gebet, im christlichen Gottesdienst oder in der christlichen Theologie nicht eine Enteignung Israels, mithin ein antijudaistischer Akt vor? Relativiert die kanonische Geltung des Alten Testaments im Raum der Kirche nicht die Bedeutung Jesu und seiner Botschaft? Mit diesen und ähnlichen Fragen sah sich die christliche Auslegung des Alten Testaments zunehmend seit dem Ende des 19. Jahrhunderts und mit besonderer Schärfe in den 1920/30er Jahren konfrontiert.[20] Genau diese Fragen sind in jüngster Zeit, angestoßen von Thesen des Berliner systematischen Theologen Notger Slenczka, wieder aufgetaucht.[21] Sie lassen sich auf die Frage zuspitzen, wie eine kanonische Geltung des Alten Testaments unter den Bedingungen historischen Denkens, das heißt unter Verzicht auf eine aus der neutestamentlichen Rückschau gewonnene, christologisch orientierte Hermeneutik, und angesichts der Tatsache, dass die im Alten Testament versammelten Schriften in Gestalt der Hebräischen Bibel bis heute selbstgewichtige heilige Schrift des Judentums sind, vertreten werden kann.

---

[20] H. Graf Reventlow, Hauptprobleme der alttestamentlichen Theologie im 20. Jahrhundert, EdF 173, Darmstadt 1982, S. 31–47.
[21] N. Slenczka, Die Kirche und das Alte Testament, in: E. Gräb-Schmidt / R. Preul (Hg.), Das Alte Testament in der Theologie, Marburger Jahrbuch Theologie XXV (= MThSt 119), Leipzig 2013, S. 83–119.

Die vor allem seit der zweiten Hälfte des 20. Jahrhunderts entworfenen Hermeneutiken des Alten Testaments bieten hier vielfältige Modelle des Verstehens. Sie reichen von einer Wiederbelebung der Antithetik, indem das Alte Testament dem Neuen als einer Geschichte des Scheiterns vorgeordnet wird, über die Bestimmung einer frömmigkeitsgeschichtlichen oder traditionsgeschichtlichen Kontinuität, die Beschreibung von strukturellen Analogien hinsichtlich des Gottes- und Menschenbildes in beiden Testamenten bis hin zu Versuchen einer doppelten, d.h. einer jüdischen und einer christlichen Lesart, der Annahme einer internen (binnenalttestamentlichen) und einer externen (christusbezogenen) Mitte des Alten Testaments oder der Formulierung von beiden Testamenten gemeinsamen Themen. Diese einzelnen Entwürfe, die zum Teil auf mehreren hundert Seiten entfaltet werden, können hier nicht im Detail dargestellt werden. Eine repräsentative Auswahl von Ansätzen aus der ersten Hälfte des 20. Jahrhunderts bietet Claus Westermann (1960).[22] In jüngerer Zeit haben Manfred Oeming (1998) und Frank Crüsemann (2011) entsprechende Übersichten mit einer kritischen Würdigung verfasst.[23]

3

Die folgenden Ausführungen zur bleibenden theologischen Bedeutung des Alten Testaments knüpfen an die vor allem von Hartmut Gese vertretene traditionsgeschichtliche Zuordnung beider Testamente und an die besonders von Horst Dietrich Preuss entwickelte Strukturanalogie an.[24]

---

[22] C. Westermann (Hg.), Probleme alttestamentlicher Hermeneutik. Aufsätze zum Verstehen des Alten Testaments, ThB 11, München 1960.
[23] M. Oeming, Einführung in die biblische Hermeneutik, Darmstadt 1998 ([4]2013); F. Crüsemann, Das Alte Testament als Wahrheitsraum des Neuen. Die neue Sicht der christlichen Bibel, Gütersloh 2011, S. 31–90.
[24] H. Gese: Vom Sinai zum Zion. Alttestamentliche Beiträge zur biblischen Theologie, BEvTh 64, München 1974; Ders., Zur biblischen Theologie. Alttestamentliche Vorträge, BEvTh 78, München 1977;

Koordinaten eines Verstehens des Alten Testaments sind einerseits die im Alten Testament selbst sichtbaren Entwicklungen und geschichtlichen Entfaltungen grundlegender Vorstellungen zur Wahrnehmung und Deutung der Welt hinsichtlich ihrer Aufnahme und Transformation im Neuen Testament, andererseits die strukturellen Entsprechungen zwischen Altem und Neuen Testament hinsichtlich ihres sprachlich und geschichtlich vielfältigen Redens von Gott und dem Menschen. Die im Prolog des Hebräerbriefes angesprochene Vielfalt des Redens des einen Gottes (Hebr 1,1–2) gilt es bei einem Verstehen des Alten Testaments in literatur- und religionsgeschichtlicher Hinsicht ebenso ernst zu nehmen wie in theologischer und anthropologischer Dimension. Mittels einer traditions- und literaturgeschichtlichen Kontextualisierung der alttestamentlichen Texte selbst, bei der die fortlaufende Auslegung und Korrektur bestimmter Gottesaussagen innerhalb des Alten Testaments deutlich wird, einerseits und mittels einer existentialen Auslegung im Sinne einer Bestimmung des den jeweiligen Texten zugrundeliegenden Verständnisses Gottes und des Menschen samt einer Verknüpfung mit gegenwärtigem Menschen- und Existenzverständnis andererseits kann das lebensdeutende Potential des Alten Testaments erhoben und so seine grundlegende Bedeutung für das Existenzverständnis bestimmt werden.

Das Alte Testament ist, wie skizziert, aus sprach- und traditionsgeschichtlichen, aus literatur- und rezeptionsgeschichtlichen sowie aus theologischen Gründen ein integraler Teil der einen aus zwei Teilen bestehenden christlichen Bibel. Zu diesen Gründen kommen praktisch-theologische und ökumenische hinzu, insofern alttestamentliche Texte und Symbole bis heute in allen christlichen Kirchen Grundlagen für Predigt, Verkündigung, Unterricht, Liturgie und Seelsorge sind. Der Begriff „Altes Testament" ist dabei insoweit flexibel, als in den unterschiedlichen christlichen

H.D. Preuß, Das Alte Testament in christlicher Predigt, Stuttgart u.a. 1984.

Kirchen der Umfang der Sammlung alttestamentlicher
Schriften, deren Anordnung und deren immanente Kapi-
telfolge mitunter stark variiert. Drei Beispiele mögen dies
verdeutlichen:

1) Das Jeremiabuch der Hebräischen Bibel, die im wesentlichen die Texgrundlage für die Bibelübersetzung der reformatorischen Kirche darstellt, bietet den Zyklus der
Sprüche gegen die fremden Völker im letzten Buchteil in
den Kap. 46–51. Im Jeremiabuch der Griechischen Bibel
findet sich dieser Zyklus in der Mitte des Buchs im Anschluss an Kap. 25, dabei in teilweise anderer Anordnung
der Orakel. Damit weisen beide Bücher ein grundlegend
unterschiedliches dramatisches Profil auf.

2) Zur Griechischen Bibel, der Septuaginta, welche die heiligen Schriften des griechischsprachigen Judentums in der
hellenistischen Metropole Alexandria enthält und die das
eigentliche „Alte Testament" des frühen Christentums ist,
zählen einige Schriften, die keinen Eingang in die Hebräische Bibel gefunden haben, die aber im Bereich der römisch-katholischen Kirche und der orthodoxen Kirchen
zum Kanon gehören. Dabei variieren auch die großen altkirchlichen Codizes – wie die mittelalterlichen jüdischen
hebräischen Bibelhandschriften – in der Anordnung einzelner Bücher.

3) Zum Kanon der Bibel der äthiopischen Kirche gehört
mit dem Henochbuch eine umfangreiche frühjüdische
Schrift, deren Bedeutung für die Religions- und Theologie-
geschichte das antiken Judentums überragend war.

Aus dieser Vielfalt ergibt sich, dass eine dogmatische Be-
grenzung auf eine bestimmte Anzahl alttestamentlicher Bücher, die zum Kanon gehören, literatur- und theologiege-
schichtlich verfehlt ist. Es ist vielmehr, wie seit einigen Jahren vor allem im römisch-katholischen Bereich vertreten,
von einem Kanonspluralismus zu sprechen. „Der" biblische
Kanon wäre daher nicht zu reduzieren, sondern eher zu er-
weitern. Dabei ist zu beachten, dass „Altes Testament" und
„Hebräische Bibel" bzw. „Tanach", „Mikra" oder „Schrift"
literaturgeschichtlich und hermeneutisch nicht dasselbe
sind, insofern der Begriff „Altes Testament" eine genuin

christliche Bezeichnung ist, die ihre Bedeutung nur im Zusammenspiel mit dem Neuen Testament gewinnt und insofern beide Schriftgruppen, Altes Testament und Hebräische
Bibel, bei allen textlichen Schnittmengen, unterschiedliche
Auslegungsgemeinschaften und Rezeptionsgeschichten haben. Die Verwendung der im Alten Testament versammelten Schriften im christlichen Kontext und ihre Aufnahme
als heilige Schrift stellen daher keine Enteignung des Judentums dar, sondern spiegeln eine spezifische Auslegung.
Damit wird nicht geleugnet, dass es im Laufe der christlichen Interpretation des Alten Testaments und des Streits
um die „richtige" Auslegung auch zu verheerendem Antiju-
daismus gekommen ist, der sich teilweise in brutalen Über-
griffen auf das Judentum niedergeschlagen hat. Die angesprochene Vielfalt der alttestamentlichen Texte, die Vielfalt
der im Alten Testament angelegten Selbstauslegungen,
Theologien und Anthropologien sowie die prinzipielle Un-
abgeschlossenheit und Irrtumsfähigkeit menschlichen Verstehens bedingen die Annahme und das Zugeständnis, dass
es neben einem christlichen Verstehen, das selbst vielfältig
ist, ein legitimes jüdisches Verstehen gibt und geben muss.
Hier hat die vor allem von Klaus Koch in die Diskussion
eingebrachte Formulierung vom „doppelte(n) Ausgang des
Alten Testaments in Judentum und Christentum" ihre
bleibende Berechtigung.[25]
In literaturgeschichtlicher Perspektive stellen die Schriften
des Neuen Testaments eine Fortschreibung der im Alten
Testament versammelten Texte dar. In dieser Hinsicht stehen die neutestamentlichen Schriften neben den frühjüdischen parabiblischen Schriften, wie sie aus dem hebräischen
und aramäischen Schrifttum in Qumran und aus den vor
allem auf Griechisch überlieferten jüdisch-hellenistischen

---

[25] Vgl. dessen gleichnamigen Aufsatz im von I. Baldermann herausgege-
benen Jahrbuch für biblische Theologie, Bd. 6: Altes Testament und
christlicher Glaube, Neukirchen-Vluyn 1991, S. 215–242; siehe auch R.
Rendtorff, Theologie des Alten Testaments. Ein kanonischer Entwurf.
Bd 2: Thematische Entfaltung, Neukirchen-Vluyn 2001, S. 304f., und
schon früher G. Fohrer, Das Alte Testament und das Thema Christologie, in: EvTh 6 (1970), S. 281–298 (bes. S. 294).

Schriften bekannt sind, die keine Aufnahme in einen späteren Kanon gefunden haben. Dabei verhalten sich die im Neuen Testament versammelten Schriften literaturgeschichtlich zu denen des Alten Testaments wie ein Kommentar zum Text. Vor der Formierung eines eigenen zweigeteilten Kanons sind die „neutestamentlichen" Schriften quasi „deuterokanonische" Schriften. Anders gesagt: Die im Alten Testament versammelten Schriften sind die Voraussetzung der neutestamentlichen Texte. Erst durch diese christliche Fortschreibung in Gestalt des Neuen Testaments werden die Schriften Israels im Raum der Kirche zum Alten Testament. Damit werden rezeptionsgeschichtlich die im Alten Testament versammelten heiligen Schriften des antiken Judentums – neben weiteren frühjüdischen Schriften – die *eine* Bibel der frühen Christen, mittels derer diese die Erfahrung deuten, dass sich im Leben, im Sterben und in der Auferstehung Jesu von Nazareth das Handeln Gottes zeigt.

Die auf Jesus von Nazareth angewandte Lektüre des Alten Testaments schlägt sich rezeptionsgeschichtlich weitergehend in der gesamten christlichen Kunst und Frömmigkeit nieder. Die Bildwelt des Alten Testaments prägt die christliche Malerei von den Katakomben in Rom bis in die Gegenwartskunst. Figuren des Alten Testaments durchziehen die christliche Plastik und das Bildprogramm der mittelalterlichen Kathedralen. Die Sprachwelt des Alten Testaments kennzeichnet die christliche Gebetssprache von den biblischen Psalmen über die christliche Lieddichtung bis zu den barocken Oratorien und zur modernen Lyrik. Ein Ausschluss des Alten Testaments aus dem christlichen Kanon käme allein aus dieser Perspektive einem totalen kunst- und kulturgeschichtlichen Gedächtnisverlust gleich.

Entscheidend für die Bewahrung des Alten Testaments im Raum der Kirche und als Gegenstand der Theologie ist, wie im Neuen Testament vorausgesetzt, die Erkenntnis der Identität des einen Gottes beider Testamente. Dabei stellt das Alte Testament grundlegende theologische Denkfiguren bereit. Mittels seiner Schöpfungserzählungen und seiner Schöpfungspsalmen, über die es in besonderer Weise an den Religionen des Alten Orients und Ägyptens partizipiert, gibt es der Rede von Gott eine besondere anthropologische und kosmologische Tiefe. Mittels seiner final orientierten Geschichtstheologien, die im Wesentlichen den theologischen Reflektionen des Untergangs des sogenannten Nordreichs („Israel") 722 v. Chr. und der Zerstörung des Südreichs (Juda) 587 v. Chr. mit dem (vorübergehenden) Verlust der Eigenstaatlichkeit, des Königtums und des Jerusalemer Tempels entstammen, markiert das Alte Testament den Rahmen für die Rede von Gott als einer in der Zeit wahrnehmbaren, Zeit strukturierenden und die Zeit vollendenden Größe. Mittels seines Verständnisses von Gerechtigkeit als einem auf die Gemeinschaft mit Gott zielenden Heilshandeln Gottes betont das Alte Testament den relationalen und dialogischen Charakter der Gottesbeziehung und die alleinige Aktivität Gottes bei der Stiftung dieser Beziehung. Mittels seiner entschiedenen Rede von Gott als Befreier und Erlöser einzelner Menschen wie ganzer Völker bildet das Alte Testament ein stetes Korrektiv zu Erfahrungen menschlicher Unfreiheit und Ohnmacht.

Eine Fokussierung auf eine „Mitte des Alten Testaments", wie sie in verschiedenen Entwürfen einer „Theologie des Alten Testaments" im 20. Jahrhundert vorliegt, sei es, dass diese Mitte im „Bund" (hebr. *berît*, griech. *diathéke*), im Namen des Gottes Jahwe oder im ersten Gebot gesehen wurde,[26] wird der Vielfalt der im Alten Testament versammelten theologischen Konzeptionen und Theologien nicht gerecht. Gleichwohl lässt sich als ein roter Faden des Alten Testaments die Vorstellung von Gott als dem Gott des Lebens bestimmen. Zu diesem roten Faden gehören die Redewendung vom „lebendigen Gott",[27] in der die Vorstellungen von der Aktivität und vom Werden Gottes deutlich werden (vgl. Ex 3,14), das Motiv vom Leben schenkenden

---

[26] H. Graf Reventlow, Hauptprobleme der alttestamentlichen Theologie im 20. Jahrhundert, EdF 173, Darmstadt 1982, S. 138–203.
[27] Vgl. Dtn 5,26; Jos 3,10; 1Sam 17,26.36; 2Kön 19,4.16; Jes 37,4; 37,17; Jer 10,10; 23,36; Hos 2,1; Ps 42,3; 84,3; hinzu kommen Belege in der Septuaginta: Dtn 4,33; Est 6,13; Sir 23,4.

und das Leben bejahenden Gott (vgl. Ez 18,23), das für die
den Zorn Gottes stets übersteigende Barmherzigkeit steht
(vgl. Ex 34,6f.), und der Begriff des Lebens selbst, der in
(fast) allen alttestamentlichen Büchern auftaucht. Beispielhaft zeigt sich dies in der literar- und traditionsgeschicht-
lich vielschichtigen Abrahamüberlieferung: In ihr begegnen, als Ergebnis eines langen Kompositions- und Ausle-
gungsprozesses, auf engstem Raum das Bekenntnis zu Gott
als Schöpfer (Gen 14,18–22), die Bestimmung von Glauben als einem grundsätzlichen Vertrauen auf den Willen
Gottes zur Gemeinschaft Gottes mit dem Menschen (Gen
15,6), die Vorstellung des Namens Gottes als El Schaddaj,
der zu einem Ausgangspunkt für die Anrede Gottes als
Allmächtiger wurde (Gen 17,1),[28] und das Ringen um die
Fremdheit Gottes, der das Leben, das er schenkt, zugleich
bedroht und doch bewahrt (Gen 22,1–19).[29] In der jüngs-
ten alttestamentlichen Schrift, der Weisheit Salomos, ist
dies auf den Begriff gebracht: Gott ist ein Freund des Lebens (Weish 11,26).[30]
Hermeneutisch ist das Verhältnis beider Testamente zu-
einander weder kontrastiv („Gesetz" *versus* „Evangelium")
noch alternativ („Altes Testament" *oder* „Neues Testament") noch teleologisch („Verheißung *und* Erfüllung"),
sondern komplementär zu bestimmen. Altes und Neues
Testament legen gemeinsam den Grund für eine biblische
Theologie. Sowohl im Alten als auch im Neuen Testament
finden sich „Gesetz" und „Evangelium" sowie „Verheißung" und „Erfüllung". Das Alte Testament ist hermeneutisch gerade kein vorchristliches Buch, sondern ein genuin

---

[28] Vgl. M. Witte, Vom EL SCHADDAJ zum PANTOKRATOR – Ein Über-
blick zur israelitisch-jüdischen Religionsgeschichte, in: J.F. Diehl / M.
Witte (Hg.), Studien zur Hebräischen Bibel und ihrer Nachgeschichte,
KUSATU 12.13, Kamen 2011, S. 211–256.
[29] Vgl. dazu R.G. Kratz / T. Nagel (Hg.), „Abraham, unser Vater". Die
gemeinsamen Wurzeln von Judentum, Christentum und Islam, Göttingen 2003.
[30] Treffend haben daher R. Feldmeier und H. Spieckermann ihrer biblischen Gotteslehre den Titel „Der Gott der Lebendigen" gegeben (Tübingen 2011).

christliches, auch wenn es selbst nicht von Jesus Christus spricht. Es bezieht seine Geltung im Raum der Kirche aus der aus *beiden* Testamenten gewonnenen christlichen Theologie. Damit erübrigt sich einerseits die Frage, ob im Blick auf die christliche Theologie eine andere Größe als das Alte Testament dessen Funktion erfüllen könnte, andererseits ist nicht ausgeschlossen, dass sich im Alten Testament artikulierte Gotteserfahrungen und Gottesdeutungen auch außerhalb dessen finden und dass die im Alten Testament versammelten Schriften auch Ausgangspunkt jüdischer Theologie(n) sein können. Nur handelt es sich in letzterem Fall nicht um das Alte Testament, sondern um den Tanach oder die Mikra, zu denen – und das ist für jüdisches Verständnis ganz wesentlich – die mündliche Tora hinzutritt.

Grundlagen einer kanonspluralen, gesamtbiblischen und anwendungsbezogenen Lektüre des Alten Testaments sind erstens die Wahrnehmung der historisch feststellbaren Auslegungs- und Fortschreibungsprozesse, die sich in den alttestamentlichen Schriften selbst niedergeschlagen haben, und zweitens eine Interpretation, bei der das sich in den Texten spiegelnde menschliche Selbstverständnis auf menschliche Grunderfahrungen bezogen wird. Damit entfällt die Annahme, dass sich der Anredecharakter des Alten Testaments nur in Gestalt einer Identifikation der gegenwärtigen Religionsgemeinschaft mit den *ursprünglichen* Adressaten herstelle.[31] Historisch gibt es weder den *einen* ursprünglichen Adressaten des Alten Testaments oder der Hebräischen Bibel, sondern nur einzelner hypothetisch erhebbarer Textschichten, die einem fortlaufenden Adaptions- und Rezeptionsprozess unterworfen waren und die stets im Horizont einer sich dynamisch wandelnden Rezeptions- und Auslegungsgemeinschaft stehen. Streng historisch betrachtet sind sowohl die alt- als auch die neutestamentlichen Schriften Zeugnisse einer „Fremdreligion"[32],

---

[31] So aber N. Slenczka, Kirche (s. Anm. 21), S. 118.
[32] Der forschungsgeschichtlich belastete Begriff steht einerseits für die richtige Erkenntnis, dass den im Alten Testament versammelten Texten

die erst und nur im Modus der stets revisionsbedürftigen
Auslegung und existentiellen Aneignung ein Teil der christlichen Gegenwartskonfession werden.

Die Wahrnehmung der über mehrere Jahrhunderte laufen-
den binnenalttestamentlichen Auslegungs- und Transfor-
mationsprozesse, bei der z.B. alte Kriegserzählungen, die
sich allgemein altorientalischer königszeitlicher Ideologie
verdanken, mit der Erwartung endzeitlicher Vernichtung
aller Waffen und eines universalen Friedens (Jes 2,1–4;
Sach 9,9–10) kontrastiert und relativiert wurden, lässt den
alttestamentlichen Texten ihre „Fremdheit", die gleichfalls
den neutestamentlichen Texten wie jedem historischen
Traditionstext anhaftet, und zeigt zugleich, dass es den *einen* historischen Sinn eines Textes nicht gibt, dass sich dieser Sinn vielmehr in immer wieder neuen Brechungen der
Texte selbst und nur in der konkreten Begegnung mit den
Texten ereignet. Die Bestimmung der in den alttestamentlichen Texten verhandelten Grundfragen menschlicher
Existenz und das Verständnis der alttestamentlichen Texte
– wie jeder Form religiöser Texte – als Produkte menschlicher Selbstauslegung eröffnen die Verwendung alttestamentlicher Texte für die Predigt, insofern Predigt öffentliche Deutung menschlichen Lebens mittels biblischer Symbole ist. Die Predigt über einen alttestamentlichen Text,
die „kein *homiletisches* Spezialproblem" darstellt,[33] zielt
dann darauf, die das Alte Testament durchziehende Vorstellung vom Gott des Lebens in seiner Beziehung zur jeweiligen Gegenwart zu erhellen und den Beitrag des jeweiligen alttestamentlichen Textes zum Verstehen von Leben
zur Sprache zu bringen.

---

ein historischer und theologischer Eigenwert zukommt, birgt aber in sich
die Gefahr der Dissoziierung der Testamente und der Abwertung des Alten Testaments seitens der christlichen Theologie. Vgl. dazu ausführlich
A.H.J. Gunneweg, Vom Verstehen des Alten Testaments. Eine Hermeneutik, GAT 6, Göttingen 1977, S. 121–145.
[33] W. Gräb, Predigtlehre. Über religiöse Rede, Göttingen 2013, S. 100
(Kursivsatz M.W.).

4

Das Alte Testament hat als historisches Dokument, als in der weltweiten Ökumene in unterschiedlichen Vollzügen gebrauchte Schrift und als Beitrag zur Rede von Gott überhaupt, seinen Ort im Rahmen christlicher Theologie. Deren bleibende Aufgabe ist – wie im Fall dogmatischer Sätze oder systematisch-theologischer Denkfiguren – die Auslegung, nicht der Ausschluss der Tradition, zu der auch die biblischen Schriften zählen. Aufgabe der „Theologie des Alten Testaments" als einer Disziplin der christlichen Theologie ist es dann, deutlich zu machen, was und wie das Alte Testament von Gott redet, inwiefern diese Rede als von Gott selbst vermittelte Offenbarung verstanden werden kann und wie und wodurch diese Rede Menschen zu dem Gott führt, von dem sie erzählt.

Die „Theologie des Alten Testaments" stellt dementsprechend einerseits die alttestamentliche Rede von Gott in ihrer geschichtlichen Entwicklung und geschichtlichen Bedingtheit dar. In dieser Hinsicht arbeitet sie historisch-kritisch („diachron"). Ausgangspunkt sind die einzelnen alttestamentlichen Texte, wie sie in der Hebräischen Bibel *und* in der Septuaginta vorliegen. Insofern in der Spätantike und im frühen Mittelalter in verschiedenen jüdischen und christlichen Gruppen auch Schriften als autoritativ angesehen wurden, die später keinen Eingang in die Hebräische Bibel oder in die vielfältigen Gestalten des Alten Testaments, wie sie in unterschiedlichen Konfessionen der weltweiten Ökumene existieren, gefunden haben und insofern die antiken und frühmittelalterlichen Bibelhandschriften eine sehr große Vielfalt an Textformen aufweisen, muss eine „Theologie des Alten Testaments" kanonsplural sein. Sie basiert dabei auf den gegenwärtigen exegetischen, religionsgeschichtlichen und sozialgeschichtlichen Erkenntnissen und bedarf wie jede Wissenschaft ständig der kritischen Überprüfung.

Andererseits verdeutlicht die „Theologie des Alten Testaments" die alttestamentliche Rede von Gott sowohl in ihrer Vielstimmigkeit („Theologien *innerhalb* des Alten Testa-

ments") als auch in ihrem inneren Zusammenhang („Theologie *im* Alten Testament"). Insofern geht die „Theologie des Alten" Testaments systematisch („synchron") vor. Dabei kommt einzelnen Themen des Alten Testaments (Schöpfung, Geschichte, Bund, Recht und Gerechtigkeit, Weisung/Gesetz, Leben und Tod, Weisheit und Zeit, Opfer und Gebet) eine zentrale Bedeutung zu. Die einzelnen Theologien, die sich in den Büchern des Alten Testaments niedergeschlagen haben, sind sowohl in ihrer Eigenständigkeit, d.h. hinsichtlich ihrer ursprünglichen sprachlichen Formen und Gestalten, Situationen und Intentionen und ihrer je eigenen Potentiale zur Deutung menschlicher Existenz zu würdigen, als auch im Gesamtzusammenhang des kanonischen Alten Testaments zu hören. Auch hier sind die alttestamentlichen Texte selbst der Ausgangspunkt der Darstellung.

Eine „Theologie des Alten Testaments" hat einen doppelten Rahmen: erstens die Darstellung der historischen Hintergründe und Räume, vor und in denen die Schriften des Alten Testaments entstanden sind, zweitens die literaturgeschichtliche Übersicht über die Hauptströmungen der alttestamentlichen Schriften und ihrer mutmaßlichen Verfasser- und Überlieferungskreise. Dabei ist die Dynamik der jeweils erfolgten Fortschreibungs- und Auslegungsprozesse zu verdeutlichen („innerbiblische Schriftauslegung"). Eine „Theologie des Alten Testaments" schließt notwendig Elemente der Religionsgeschichte, der Frömmigkeits- oder Glaubensgeschichte und der Literaturgeschichte Israels im 1. Jahrtausend v. Chr. mit ein. Insofern das antike Israel in den kulturellen Kontext des alten Vorderen Orients eingebunden ist, berücksichtigt eine „Theologie des Alten Testaments" auch die religiösen Symbolsysteme der Kanaanäer, der Ägypter, der Babylonier, der Perser und der Griechen.

Zur Aufgabe einer „Theologie des Alten Testaments" gehört es, das Verhältnis zur Rede von Gott im Neuen Testament zu bestimmen und die Bedeutung der einzelnen alttestamentlichen Aussagen über Gott für den christlichen Glauben herauszustellen. Alternativ zu altkirchlichen und mittelalterlichen Hermeneutiken und zu modernen Versuchen einer christozentrischen oder christotelischen Auslegung,[34] kann eine Hermeneutik zur Anwendung kommen, bei der die Theologien des Alten Testaments in ihrer potentiellen Durchlässigkeit auf das Gottes-, Welt- und Menschenverständnis der neutestamentlichen Überlieferungen skizziert und strukturelle Entsprechungen, konzeptionelle und motivische Parallelen sowie traditionsgeschichtliche Verbindungen aufgewiesen werden. Ein solcher christotransparenter Zugang zielt auf eine Erhellung der verschiedenen Theologien des Alten Testaments, die das neutestamentliche Verständnis von Jesus *als* Christus, Herr und Gott prägen. Die im Alten Testament versammelten Theologien der Schöpfung, der Geschichte, des Rechts, des Kultes und der Weisheit, die aus der Sicht des Neuen Testaments in der raum-zeitlichen Fokussierung und Personalisierung auf Gottes Handeln in Jesus Christus ihre Mitte und ihr Ziel finden, sind dann ein Beitrag zur Christologie. Ob und wie das Alte Testament jeweils zum Wort Gottes wird, d.h. in die Gemeinschaft mit Gott führt und Leben als Geschenk erfahren lässt, mithin zum Evangelium wird, entzieht sich wie im Fall des Neuen Testaments, menschlicher Verfügung. Die „Theologie des Alten Testaments" steht also (wie die des Neuen Testaments) im begrenzten Dienst der Auslegung der Schrift, die auf ein Verstehen des Geglaubten und auf einen denkenden Glauben zielt. Dabei kann die „Theologie des Alten Testaments" von den im Alten Testament versammelten Theologien, zumal in den Psalmen und im Sirachbuch, (wieder) lernen, dass zur Theologie auch die Doxologie gehört.

Neben der „Theologie des Alten Testaments" als einer genuin christlichen Disziplin steht eine Erhebung der Rede von Gott in der Hebräischen Bibel als der im Judentum heiligen Schrift. In dieser ergänzen sich die Theologien der

---

[34] W. Vischer, Das Christuszeugnis des Alten Testaments, I–II/1, Zollikon-Zürich [6]1943 (1934); P. Enns, Ecclesiastes, The Two Horizons Old Testament Commentary, Grand Rapids, MI / Cambridge 2011, S. 27–29.

Tora, der Neviim und der Ketuvim; sie legen sich gegenseitig aus und konstituieren eine vielstimmige, dialogische jüdische Theologie. Diese wiederum findet ihre unmittelbare
Fortsetzung, Interpretation und Transformation im frühjüdischen Schrifttum, im Talmud und im Midrasch. Die
Verwurzelung der neutestamentlichen Schriften in den heiligen Schriften des antiken Judentums, die doppelte und
die vielfach miteinander verknüpfte Rezeptions- und Auslegungsgeschichte dieser Schriften, zu der schließlich die
Aufnahme bestimmter Figuren und theologischer Motive
aus dem Alten Testament im Koran treten, gilt es im Rahmen einer wirkungsgeschichtlich orientierten „Theologie
des Alten Testaments" zur Sprache zu bringen. Hier hat die
„Theologie des Alten Testaments" ihre Bedeutung für das
christlich-jüdische und für das interreligiöse Gespräch. Zu
diesen Gesprächen vermag das Alte (wie das Neue) Testament wesentlich beizutragen: Denn es ist ein Buch vom
Menschen und seinen vielfältigen Versuchen, Leben im
Angesicht Gottes zu verstehen und mit dem Gott des Lebens im Dialog zu stehen. Gemäß den eingangs angesprochenen altkirchlichen Bekenntnissen mündet dieser Dialog
in einem die Zeit überdauernden Gespräch, in einem ewigen Leben, an das zu glauben, die christliche Kirche gleichfalls den im Alten Testament gesammelten (und weiteren
frühjüdischen) Schriften verdankt (Dan 12,1; Ps 73,24;
Weish 3,1),[35] auch wenn sie im Lichte des Neuen die Teilhabe an diesem an Jesus Christus bindet (1Kor 15).

---

[35] Vgl. dazu G. Kittel, Befreit aus dem Rachen des Todes. Tod und To-
desüberwindung im Alten und Neuen Testament, Göttingen 1999; A.A.
Fischer. Tod und Jenseits im Alten Testament. Eine Reise durch antike
Vorstellungswelten, SKI.NF 7, Leipzig 2014.

Weiterführende Literatur

Alkier, S. / Hays, R.B.: Kanon und Intertextualität, Frankfurt am Main 2010.

Baldermann, I. u.v.a. (Hg.): Jahrbuch für Biblische Theologie, Bd. 6: Altes Testament und christlicher Glaube, Neukirchen-Vluyn 1991.

Baldermann, I. u.v.a. (Hg.): Jahrbuch für Biblische Theologie, Bd. 12: Biblische Hermeneutik, Neukirchen-Vluyn 1997.

Behrens, A.: Das Alte Testament verstehen: Die Hermeneutik des ersten Teils der christlichen Bibel, Göttingen 2012.

Crüsemann, F.: Das Alte Testament als Wahrheitsraum des Neuen. Die neue Sicht der christlichen Bibel, Gütersloh 2011.

Dohmen, C. / Stemberger, G.: Hermeneutik der Jüdischen Bibel und des Alten Testaments, KStTh I,2, Stuttgart u.a. 1996.

Gräb-Schmidt, E. / Preul, R. (Hg): Das Alte Testament in der Theologie, Marburger Jahrbuch Theologie XXV = MThSt119,, Leipzig 2013.

Gunneweg, A.H.J.: Vom Verstehen des Alten Testaments, GAT 5, Göttingen ²1988.

Hartenstein, F.: JHWHs Wesen im Wandel. Vorüberlegungen zu einer Theologie des Alten Testaments, in ThlZ 137 (2012), S. 3-20.

Hartenstein, F.: Zur Bedeutung des Alten Testaments für die evangelische Kirche. Eine Auseinandersetzung mit den Thesen von Notger Slenczka, in: ThLZ 140 (2015), S. 738–751.

Hermisson, H.-J.: Alttestamentliche Theologie und Religionsgeschichte Israels, ThLZ.Forum 3, Leipzig 2000.

Janowski, B.: Ein Gott, der straft und tötet? Zwölf Fragen zum Gottesbild des Alten Testaments, Neukirchen-Vluyn ²2014.

Janowski, B. (Hg.): Theologie und Exegese des Alten Testaments / der Hebräischen Bibel. Zwischenbilanz und Zukunftsperspektiven, SBS 200, Stuttgart 2005.

Kaiser, O.: Der Gott des Alten Testaments. Theologie des Alten Testaments. Teil 1: Grundlegung, UTB 1747, Göttingen 1993, S. 13–89.

Lehmann, K. Kardinal / Rothenbusch, R. (Hg.): Gottes Wort in Menschenwort. Die eine Bibel als Fundament der Theologie, QD 266, Freiburg i.B. 2014.

Levin, C.: Verheißung und Rechtfertigung. Gesammelte Studien zum Alten Testament II, BZAW 431, Berlin / Boston 2013.

Oeming, M.: Biblische Hermeneutik. Eine Einführung, Darmstadt ⁴2013.

Oeming, M.: Gesamtbiblische Theologien der Gegenwart. Das Verhältnis von AT und NT in der hermeneutischen Diskussion seit Gerhard von Rad, Stuttgart u.a. ³2001.

Rendtorff, R.: Theologie des Alten Testaments. Ein kanonischer Entwurf. Bd 2: Thematische Entfaltung, Neukirchen-Vluyn 2001, S. 280–317.

Reventlow, H. Graf: Hauptprobleme der Biblischen Theologie im 20. Jahrhundert, EdF 203, Darmstadt 1983.

Sæbø, M. (Hg.): Hebrew Bible / Old Testament. The History of Its Reception, Bd. I–III, Göttingen 1996–2015.

Schmid, K.: Gibt es Theologie im Alten Testament? Zum Theologiebegriff in der alttestamentlichen Wissenschaft, ThSt. NF 7, Zürich 2013.

Schmidt, W.H.: Zur Theologie und Hermeneutik des Alten Testaments. Erinnerungen und Erwägungen zur Exegese, in: EvTh 62 (2002), S. 11–25.

Wischmeyer, O. (Hg.): Lexikon der Bibelhermeneutik. Begriffe – Methoden – Theorien – Konzepte, Berlin / Boston 2009 (2013).

Witte, M.: Jesus Christus im Alten Testament. Eine biblische-theologische Skizze, SEThV 4, Münster u.a. 2013.

Witte, M.: Von der Weisheit des Glaubens an den einen Gott. Eine Skizze zu historischen Anfängen und theologischen Ausgestaltungen des Monotheismus im Alten Testament, in: Die Gewalt des einen Gottes, hg. v. R. Schieder, Berlin 2014, S. 79–116.

Witte, M.: Von Ewigkeit zu Ewigkeit. Weisheit und Geschichte in den Psalmen, BThSt 146, Neukirchen-Vluyn 2014.

Was ist Sünde?[36]

Genesis 3,1–9

„Gnade sei mit Euch und Friede von Gott unserem Vater und dem Herrn Jesus Christus."

Der Predigttext für diesen Gottesdienst steht im Buch Genesis, im 3. Kapitel. Es ist eine Geschichte, die Sie alle kennen; es ist eine alte Geschichte, die unzählige Male erzählt und ausgelegt, illustriert und nachgespielt wurde, eine alte Geschichte, die ihren Weg bis heute geht, bis in die Werbung und die Filmstudios von Hollywood. Es ist eine Geschichte, die lebt – die lebendig ist, lebendig, weil sie vom Leben erzählt, und zwar nicht von einem vergangenen Leben, sondern von Ihrem Leben und von meinem Leben, von dem Leben meiner Studenten wie von dem Leben in unseren Altersheimen, vom Leben unserer Politiker und Wissenschaftler ebenso wie vom Leben unserer Konfirmanden und Kirchenvorsteher – es ist eine Geschichte vom Leben, von meinem Leben und von Ihrem Leben, liebe Gemeinde.
Hören wir diese Geschichte vom Leben in der Sprache der Lutherbibel:

1 Aber die Schlange war listiger als alle Tiere auf dem Felde, die Gott der HERR gemacht hatte, und sprach zu der Frau: Ja, sollte Gott gesagt haben: ihr sollt nicht essen von allen Bäumen im Garten? 2 Da sprach die Frau zu der Schlange: Wir essen von den Früchten der Bäume im Garten; 3 aber von den Früchten des Baumes mitten im Garten hat Gott gesagt: Esset nicht davon, rühret sie auch nicht an, dass ihr nicht sterbet! 4 Da sprach die Schlange zur Frau: Ihr werdet keineswegs des Todes sterben, 5 sondern Gott weiß: an dem Tage, da ihr da-

---

[36] Gehalten am 20. Sonntag nach Trinitatis, 9.10.2005, in der evangelischen Kirche Niedereschbach Frankfurt am Main – Niedereschbach.

von esset, werden eure Augen aufgetan, und ihr werdet sein wie Gott und wissen, was gut und böse ist. 6 Und die Frau sah, dass von dem Baum gut zu essen wäre und dass er eine Lust für die Augen wäre und verlockend, weil er klug machte. Und sie nahm von der Frucht und aß und gab ihrem Mann, der bei ihr war, auch davon, und er aß. 7 Da wurden ihnen beiden die Augen aufgetan, und sie wurden gewahr, dass sie nackt waren, und flochten Feigenblätter zusammen und machten sich Schurze. 8 Und sie hörten Gott den HERR, wie er im Garten ging, als der Tag kühl geworden war. Und Adam versteckte sich mit seiner Frau vor dem Angesicht Gottes des HERRN unter den Bäumen im Garten. 9 Und Gott der HERR rief Adam und sprach zu ihm: Wo bist du?

Sehen wir uns die eben gehörte Geschichte nochmals genauer an. Hatte ich nicht eben gesagt, dass es sich um eine Geschichte von Ihrem und von meinem Leben handelt? Und jetzt hören wir da von einer Schlange, von einer Frau, die einige Zeilen später den Namen Eva erhalten wird, von einem Mann namens Adam, von merkwürdigen Bäumen und von einem spazieren gehenden Gott. Was soll das alles, wo komme ich da vor, wo spiele ich eine Rolle in diesem orientalischen Märchen, das genauso gut in Tausend–und–eine–Nacht stehen könnte?

Und doch – ich bleibe dabei: Das ist eine Geschichte von mir und dir. Es ist ein Spiegel meines Lebens, was hier erzählt wird. Wir kommen dem Erzähler auf die Spur, wenn wir genau auf seine Worte achten.

Der letzte Vers verrät, um wen es in unserer Erzählung geht: *Und Gott der HERR rief Adam und sprach zu ihm: Wo bist du?*

Adam, das ist nichts anderes als die hebräische Bezeichnung für den Menschen. Wir könnten unseren Vers also auch übersetzen: *Und Gott der HERR rief den Menschen und sprach zu ihm: Wo bist du?* – Wo bist du Mensch? – Wo bist du Mensch? Das ist die Grundfrage unserer Erzählung und darum handelt es sich um eine Erzählung, von mir und dir, von meinem Leben und von ihrem Leben. Gott ruft dich und fragt: Wo bist du? Man könnte auch sagen:

Gott sucht dich. Es geht in unserer Erzählung also um den Menschen, um die Suche Gottes nach Menschen, um die Suche Gottes nach mir! Merkwürdig, weiß Gott denn nicht, wo ich bin? Ist er denn nicht allmächtig und allwissend? Was soll dann die Frage? Ja, was soll die Frage, wo ich bin?

Nun, um auf den Sinn dieser Frage zu kommen, müssen wir die kleine Erzählung vielleicht doch noch einmal vom Anfang her betrachten – und dabei setzen wir einfach überall, wo wir von der Frau hören, den Begriff Mensch ein.

Also: Da ist ein Mensch, da bin ich – und plötzlich höre ich eine Stimme, eine Stimme, die ich zwar noch nie gehört habe, die aber sehr vertrauensvoll klingt, eine Stimme, die zu mir sagt: Ich kenne dich, ich weiß wer du bist, du hast Besseres verdient, trau dich ruhig. Das, wovon du immer geträumt hast, ist zum Greifen nah, du brauchst nur zuzupacken – greif einfach zu! Überlegen Sie mal kurz, liebe Gemeinde, wovon Sie träumen, überlegen Sie mal, was Sie unheimlich gerne hätten, wonach Sie wahnsinnige Sehnsucht haben, oder in der Sprache der Konfirmanden – was finden Sie so geil, dass Sie alles andere dafür stehen und liegen ließen? Und jetzt hören Sie die Stimme: Nimm es dir einfach, greif zu, es ist bei dir in guten Händen, es liegt doch so nah, es wird dir nichts passieren, im Gegenteil.

Sie zögern noch? Sie greifen nicht zu? Warum eigentlich nicht? Ja, natürlich, es gibt ja Regeln und Grenzen. Die Frau eines anderen so einfach zu nehmen, gehört sich nicht; einen Computer so einfach mitgehen zu lassen, das macht man nicht. Gut – Was aber passiert, wenn es um mehr geht, was ich mir erträume, um mehr als ein Auto oder eine Reise oder ein Haus, was, wenn es ums Ganze geht, ums Leben, was dann?

Nichts weniger flüstert mir die Stimme aus unserer Erzählung nämlich ins Ohr: Du wirst wissen, was gut und böse ist. Oder anders ausgedrückt: Du wirst wissen, was dem Leben dient und was dem Leben schadet, was das Leben bringt und was es nimmt, ja jetzt geht es ums Ganze, jetzt geht es um Leben und Tod: Du wirst wissen, was die Welt im Innern zusammenhält, du wirst alle Fragen beantwortet

bekommen, die du schon immer hattest, warum es den
Holocaust gab und warum Millionen Menschen in der
Welt hungern, während andere nicht wissen, was sie mit
ihrem Geld anfangen sollen – alle Fragen, auf einmal beantwortet bekommen, auf einen Schlag die Formel in der
Hand halten, mit der ich Leben verändern, verbessern, ver-
längern kann, Leben ohne Ende. Ja, das ist ein Angebot,
auf so etwas habe ich immer schon gewartet – und jetzt ist
die Gelegenheit da, also: Greif zu Mensch, es passiert
nichts! Das ist das Angebot der Stimme, die mir den Kopf
verdreht, die mich unvorbereitet trifft, in einem Moment,
da ich an nichts Böses denke, da kommt diese Stimme und
macht mir ein solches Angebot!

Die Sache hat nur einen Haken: Ich muss, um all das, was
mir da versprochen wird, ein Gebot, das mir Gott gegeben
hat, übertreten. Tief in meinem Innern meldet sich jetzt
eine zweite Stimme: Ich bin der Herr, dein Gott. Ich, Gott,
will für dich sorgen, ich, Gott bin dein Hirte, ich bin der
Baum deines Lebens, ich, Gott will deine Lebensmitte sein.

Darum geht es in unserer Geschichte von der Frau und der
Schlange, von dem Garten und von Gott; darum geht es in
der Geschichte von unserem, von meinem Leben:

Da ist auf der einen Seite Gott, der mir das Leben geschenkt hat, und da ist auf der anderen Seite die Stimme,
die sagt, lass Gott sein, mach was aus deinem Leben; da ist
auf der einen Seite Gott, der mein Lebensmittelpunkt sein
will, und da ist auf der anderen Seite die Stimme, die sagt,
sei dein eigener Herr; da ist auf der einen Seite Gott, der
mit mir in Gemeinschaft leben will, und da ist auf der anderen Seite die Stimme, die sagt, du bist selber Gott.

So sieht doch unser Leben aus: auf der einen Seite gehören
wir seit unserer Taufe zu Gott, auf der anderen Seite gehen
wir unsere eigenen Wege, so als gäbe es Gott nicht; auf der
einen Seite spüren wir, dass das Sprechen mit Gott, dass
Beten gut tut, auf der anderen Seite lassen wir uns durch
die Hektik des Alltags die Zeit dazu rauben, immer nach
dem Motto, lieber noch drei Termine abarbeiten, als einen
Moment der Stille, um mit Gott zu sprechen.

Bei den kleinen Versuchungen – und jetzt gebrauche ich erstmals den Begriff, der im Zentrum unserer Geschichte vom Leben, ja unserer eigenen Lebensgeschichte steht – da mögen wir standhalten, aber bei der eigentlichen Versuchung, bei dem Test, was unsere Lebensmitte ist, da versagen wir, da scheitern wir, jämmerlich, und das jeden Tag neu – unser Erzähler hat das in das Bild vom nackten Menschen gefasst.

6 Und sie nahm von der Frucht und aß und gab ihrem Mann, der bei ihr war, auch davon, und er aß. 7 Da wurden ihnen beiden die Augen aufgetan, und sie wurden gewahr, dass sie nackt waren ...

Nackt, das sind wir jedes Mal, wenn wir *der* Versuchung erlegen sind, nicht Gott in den Mittelpunkt unseres Lebens gestellt zu haben, sondern das schnelle Geld oder die eigene Arbeit. Nackt stehen wir dann da, mit leeren Händen, nackt vor Gott, der unsere Lebensmitte und unser Lebensmittel sein will; nackt, weil wir uns verführen ließen, mit der Aussicht alles zu wissen, obwohl wir genau wissen, das jedes Wissen neue Lasten bringt.

Nicht dass Gott verboten hätte, etwas zu wissen; Wissen und Wissenschaft ist nicht vom Teufel, genauso wenig wie Geld, Kunst oder Liebe vom Teufel ist – was Gott verboten hat, ist, dass wir uns eine andere Lebensmitte als ihn suchen. Gott will uns, dazu hat er uns geschaffen und ins Leben gestellt, er will unser Gott sein und ich soll sein Mensch sein. Dass der Erzähler mittels der Schlange dem Menschen Wissen um Gut und Böse, um lebensnützliches und lebensschädliches vor Augen stellt, ist ein Symbol für das, womit sich der Mensch am besten verführen und das meint von Gott wegführen lässt. Für den einen mag das die Weltformel sein, der zuliebe er die Gemeinschaft mit Gott aufkündigt, für den andern der Sex. Das heißt: Für jeden von uns könnte das Angebot der Schlange anders lauten. Es würde aber für jeden anfangen mit dem Satz „Sollte Gott etwa gesagt haben ...“ Es würde sodann mir bekannte Worte Gottes verdrehen und mir letztlich ein Angebot nach Maß machen. Das heißt aber weiter: Ich muss mir selbst jeden Tag neu die Frage stellen, was führt mich von Gott weg, was ist meine Lebensmitte, wem gehöre ich eigentlich, gehöre ich Gott oder meinen Sehnsüchten, die so leicht zu Süchten werden können.

Versuchung ist also nichts anderes als ein täglicher Test, bei dem sich zeigt, was mein „Baum in der Mitte des Gartens" ist. Versuchung, das ist die tägliche Prüfung, wer ich selbst bin und wer Gott ist.

Mit anderen Worten: Die Versuchung, von der unsere Geschichte erzählt und die eine in Bilder gepackte Erzählung von unserer Versuchung ist, ist eine Alltagserfahrung. Alltäglich stehen wir nackt vor Gott und meinen, uns verstecken zu können; wir machen es uns nur meistens nicht bewusst.

Und deshalb ist der Abschluss unseres Predigttextes so wichtig: Gott selbst geht auf die Suche nach dem, der der Versuchung erlegen ist, und ruft: Wo bist du? Gott selbst sucht mich, der sich in seinem Versuch, das eigene Leben ohne Gott zu gestalten, verrannt hat; Gott sucht mich, der ich der Versuchung erlegen bin, selbst Mittelpunkt der Welt, und sei es nur Mittelpunkt meiner kleinen Welt in der Familie oder am Arbeitsplatz zu sein.

Gott sucht den, der der Versuchung nachgegeben hat. Das ist das eigentliche Wunder dieser Geschichte, dieser Beziehungsgeschichte von Gott und Mensch; und das ist das Wunder meiner Lebensgeschichte: Gott gibt nicht auf, sondern sucht mich und ruft: Wo bist du?

So zeigt sich schließlich, dass unsere Versuchungsgeschichte aus dem Gen 3 eine Suchgeschichte ist; eine Geschichte von der Suche nach mir selbst und nach Gott, aber auch von der Suche Gottes nach mir. Also Gott sucht mich und ruft: Wo bist du? Er sucht mich, weil er mit mir Gemeinschaft haben will, das ist sein Angebot und das sollte jeden Versuch, mich von Gott wegzuführen, im Keim ersticken lassen. Den Satz „Wo bist du Adam, wo bist du Mensch?" kann ich mir gar nicht oft genug sagen lassen – er erinnert mich daran, dass ich zu Gott gehöre und Gott zu mir.

„Und der Friede Gottes, der höher ist als alle Vernunft, der bewahre eure Herzen und Sinne in Christus Jesus. Amen."

Wer ist Kain?[37]

Genesis 4,1–17

„Gnade sei mit Euch und Friede von Gott unserem Vater und dem Herrn Jesus Christus."

Der Predigttext, den ich für den heutigen Gottesdienst ausgesucht habe, steht im Buch Genesis im vierten Kapitel in den Versen 1–17.

1 Und Adam erkannte seine Frau Eva, und sie ward schwanger und gebar den Kain und sprach: Ich habe einen Mann gewonnen mit Hilfe des HERRN. 2 Danach gebar sie Abel, seinen Bruder. Und Abel wurde ein Schäfer, Kain aber wurde ein Ackermann. 3 Es begab sich aber nach etlicher Zeit, dass Kain dem HERRN Opfer brachte von den Früchten des Feldes. 4 Und auch Abel brachte von den Erstlingen seiner Herde und von ihrem Fett. Und der HERR sah gnädig an Abel und sein Opfer, 5 aber Kain und sein Opfer sah er nicht gnädig an. Da ergrimmte Kain sehr und senkte finster seinen Blick. 6 Da sprach der HERR zu Kain: Warum ergrimmst du? Und warum senkst du deinen Blick? 7 Ist's nicht also? Wenn du fromm bist, so kannst du frei den Blick erheben. Bist du aber nicht fromm, so lauert die Sünde vor der Tür, und nach dir hat sie Verlangen; du aber herrsche über sie. 8 Da sprach Kain zu seinem Bruder Abel: Lass uns aufs Feld gehen! Und es begab sich, als sie auf dem Felde waren, erhob sich Kain wider seinen Bruder Abel und schlug ihn tot. 9 Da sprach der HERR zu Kain: Wo ist dein Bruder Abel? Er sprach: Ich weiß nicht; soll ich meines Bruders Hüter sein? 10 Er aber sprach: Was hast du getan? Die Stimme des Blutes deines Bruders schreit zu mir von der Erde. 11 Und nun: Verflucht seist du auf der Er-

---

[37] Gehalten am 23.10.2004 im Rahmen der Herbstkonferenz der Lutherischen Konferenz in Hessen und Nassau in der Alten Bethlehemkirche Frankfurt am Main – Ginnheim.

de, die ihr Maul hat aufgetan und deines Bruders Blut von deinen Händen empfangen. 12 Wenn du den Acker bebauen wirst, soll er dir hinfort seinen Ertrag nicht geben. Unstet und flüchtig sollst du sein auf Erden. 13 Kain aber sprach zu dem HERRN: Meine Strafe ist zu schwer, als dass ich sie tragen könnte. 14 Siehe, du treibst mich heute vom Acker, und ich muss mich vor deinem Angesicht verbergen und muss unstet und flüchtig sein auf Erden. So wird mir's gehen, dass mich totschlägt, wer mich findet. 15 Aber der HERR sprach zu ihm: Nein, sondern wer Kain totschlägt, das soll siebenfältig gerächt werden. Und der HERR machte ein Zeichen an Kain, daß ihn niemand erschlüge, der ihn fände. 16 So ging Kain hinweg von dem Angesicht des HERRN und wohnte im Lande Nod, jenseits von Eden, gegen Osten. 17 Und Kain erkannte sein Weib; die ward schwanger und gebar den Henoch. Und er baute eine Stadt, die nannte er nach seines Sohnes Namen Henoch.

In meiner Predigt, liebe Gemeinde, möchte ich die Aufmerksamkeit auf einen besonderen Wendepunkt in der Erzählung von Kain und Abel richten. Ich lese nochmals die Verse, die uns jetzt genauer beschäftigen sollen:
8 Da sprach Kain zu seinem Bruder Abel: Laß uns aufs Feld gehen! Und es begab sich, als sie auf dem Felde waren, erhob sich Kain wider seinen Bruder Abel und schlug ihn tot. 9 Da sprach der HERR zu Kain: Wo ist dein Bruder Abel? Er sprach: Ich weiß nicht; soll ich meines Bruders Hüter sein? 10 Er aber sprach: Was hast du getan? Die Stimme des Blutes deines Bruders schreit zu mir von der Erde.
Dunkelheit umgibt mich. Schwarze Wolken drücken mich nieder. Leere – unendliche Leere. Schweigen. Erdrückt sein – mir fehlt die Luft zum Atmen. Meine Arme umschlingen meine Beine. Die Dunkelheit greift nach mir. Schwerer Nebel umschließt mich. Angst, sie lähmt mich. Einsamkeit – Stille – mir fehlt die Luft zum Schrei. Gewölk zermalmt mich. Leere – unendliche Stille – Tod ist um mich – gelähmt, gebeugt, gekrümmt, verkrümmt. Einsamkeit, Dunkelheit, Tod umgibt mich.

Ich, ja ich bin Kain, Kain, das Geschöpf, das sein Leben aus Gottes Hand erhielt; ich bin Kain, der seinen Bruder erschlug. Ich bin Kain, das Geschöpf, das seinen Bruder Abel, den Nichtigen, erschlug. Ich bin Kain, der Bruder Leben, der nun im Nichts versinkt.

Licht blitzt auf, grell und klar. Der Himmel reißt auf, platzt aus den Nähten. Die Erde bebt, die Erde dröhnt und grollt.

„Wo ist dein Bruder Abel?" –

„Wo ist dein Bruder Abel?"

Und wieder dieser Ruf, wie Trommelfeuer:

„Wo ist dein Bruder Abel?"

Nie hörte ich eine solche Stimme. Nie hörte ich einen solchen Ruf, voll Donner und Macht. „Wo ist dein Bruder Abel?" –

„Ich weiß es nicht!"

Mein Schrei gellt in die schwarze Unendlichkeit, hallt weiter.

„Ich weiß es nicht, weiß es nicht – Wo soll er schon sein? – Wo? – Du, Gott, musst es wissen! Du bist doch der Hüter Israels. Ich, ich weiß es nicht. Tot ist er – zerfressen, vielleicht – weg ist er. Ich weiß es nicht, will es auch nicht wissen, weg ist er, weg ist er, er interessiert mich nicht, mich nicht, er, das Nichts."

Und wieder höre ich diese Stimme, voll Donner und Macht. Eine Stimme, wie ich sie niemals hörte. Sie zerschmettert meine Fesseln, diese Stimme, sie zerschlägt meine Ketten, sie löst meine unendliche Müdigkeit und Leere, sie löst mein tödliches Schweigen.

„Was hast du getan? – Kain, was hast du getan?" – Machtvoll, aber nicht vernichtend, gebietend, aber doch befreiend, fordernd, aber doch erlösend, holt mich diese Stimme zurück ins Leben.

„Was hast du getan?"

Die Stimme spricht mich an, mich, Kain, den, mit dem keiner mehr spricht. Ich fühle mich befreit, die Stimme spricht, die erdrückende Last der Schuld wird leichter. Die Leere um mich beginnt zu weichen.

Abel ist tot. Ja, er ist tot. Und ich, ich Kain, ich war tot, tot
durch seinen Tod, tot durch meine Schuld. Doch ER
selbst, ER geheiligt sei sein Name, ER, der allmächtige und
barmherzige Gott, ER, der erschaffende und richtende
Gott, ER, der lebendige und erlösende Gott, hat mich befreit.

ER, der Herr über Leben und Tod, hat mich, durch dessen
Hand der Tod über Abel kam, aus dem Tod herausgerufen.
Indem ER, der Herr, sprach, indem er mich ansprach: „Wo
ist dein Bruder Abel", hat er mich, der ich selbst im Tod
versank, ins Leben zurückgerufen.

Indem ER, mein Gott, mich, der ich sprachlos war, ansprach, fand ich zurück zur Sprache, fand ich zurück ins
Leben.

Wo umgibt uns schuldhaft Dunkelheit? Wo drücken uns
Wolken der Schuld nieder? Wo raubt uns unsere Schuld
das Licht zum Leben?

Wo liegen wir im Staub, weil wir Abel, den scheinbar
Nichtigen, in den Staub getreten haben? Wo fehlt uns die
Luft zum Atmen, weil wir dem scheinbar Nichtigen die
Luft zum Leben nahmen?

Wir sind Kain – jeder von uns ist Kain, das Geschöpf. Jeder von uns ist Kain, der sein Leben von Gott erhielt.

Jeder von uns ist das Geschöpf, das im Schweigen zu ver-
sinken droht, weil es andere zum Schweigen brachte.

Jeder von uns ist Kain, dem die Beziehung zu Gott und
den Menschen zerbricht, weil er die Beziehung zu seinem
Bruder aus Neid zerbrochen hat. Jeder von uns ist Kain,
der sprachlos wird, weil er dem anderen aus Missgunst die
Sprache raubte.

Wir alle haben unseren Abel, den wir erschlugen. Jeder von
uns hat seinen Abel, den er aus dem Weg räumte, um selbst
voranzukommen. Jeder von uns hat seinen Abel, den er
einst überrollte und der ihm nun die Bahn versperrt. Jeder
von uns ist Kain, der seinen Abel würgte und der ihm nun
die Kehle zuschnürt, so dass er nur noch schweigen kann.

Wo ist mein Bruder Abel? Was habe ich getan?

Und doch spricht ER, geheiligt sei sein Name, auch zu uns;
ER, der uns, einem jeden von uns das Leben gab; ER, der

die Schöpfung ins Leben rief und unserem Leben Sinn verleiht. ER spricht uns, die wir uns an den Tod, der uns alltäglich umgibt, schon gewöhnt haben, an; ER spricht uns an, in seinem Wort der Schöpfung, in der sich das Leben spiegelt; ER spricht uns, denen das Gesicht der anderen zur Maske geworden ist, in den Blicken des Nächsten an; ER spricht uns, denen in der Flut der Bilder und Töne die Worte verloren gehen, an in seinem schriftgewordenen Wort. ER spricht uns an und sagt: „Ich will, dass du lebst". Das ist das Zeichen Kains, das ist das Zeichen, das jeder von uns trägt: „Ich will, dass du lebst". Gott will, dass ich lebe. Dafür steht sein Wort, dafür steht er selbst, dafür steht sein Sohn, der den Weg Abels ging und uns doch den Weg ins Leben zeigte.

Mit dem Zeichen Kains gehen wir durch die Welt; mit der Zusage, dass Gott uns leben lassen will. Also bauen wir wie Kain eine Stadt, bauen wir einen Raum, der Schutz gewährt, einen Ort der Begegnung für Gott und Menschen.

Bauen wir eine Stadt, jeden Tag neu in unserem Leben, eine kleine Gottesstadt, in der wir dem Nächsten Zeit und Raum zum Leben schenken. Öffnen wir unser Leben für die, die ein offenes Ohr benötigen, für die, die eine begleitende Hand suchen, für die, die eine Wegweisung suchen.

Wir sind Kain, der seinen Bruder Abel erschlug, aber wir sind auch Kain, den Gott immer wieder neu anspricht, ins Leben holt und zum Städtebauer werden lässt.

„Und der Friede Gottes, der höher ist als alle Vernunft, bewahre unsere Herzen und Sinne in Christus Jesus. Amen."

Stadt(t)räume – Potsdamer Platz: Von Kultur und Kapital[38]

Genesis 11,1–9

„Gnade sei mit Euch und Friede von Gott unserem Vater und dem Herrn Jesus Christus."

Liebe Gemeinde,
Städte sind ein Spiegel für Weltbilder, Menschenbilder, Gottesbilder. Am Bild einer Stadt lässt sich ablesen, wie Menschen leben und was sie glauben, wie sie sich selbst verstehen und was sie von anderen halten. Verdichtet gilt dies von Plätzen, sind sie doch das Herzstück einer jeden Stadt. Bis heute sind sie die Orte einer Stadt, wo sich Kommerz, Kultur, Politik und Religion am engsten berühren. So steht ein Platz mit seinen Hallen des Geldes und des Gebets, des Regierens und des sich Vergnügens oft als Synonym für die jeweilige Stadt – das ist beim Potsdamer Platz nicht anders als beim Petersplatz oder beim Taksim–Platz. Der Potsdamer Platz: Das ist Berlin, mit all seinen Narben der Vergangenheit und seinen ewigen Baustellen, mit seinem Lärm und seinem grellen Licht, mit – um es in Worten von Joseph Roths Betrachtung über das steinerne Berlin von 1930 zu sagen – seiner Jugend, seinem Unglück und seiner Zukunft.[39] Der Potsdamer Platz, das ist ein Spiegel Berlins, ein Gleichnis für diese Stadt.
Ich möchte das kontrastieren mit dem Bild einer Stadt, wie es die Bibel zeichnet – nicht mit der ersten Stadt, von der die Bibel erzählt, das wäre die Stadt, die Kain, das Paradigma des Brudermörders, baut, um seinem Schicksal zu entgehen, wie ein aus dem Nest gefallener Vogel leben zu müssen (Gen 4). Es soll um die erste biblische Stadt gehen,

---

[38] Gehalten im Universitätsgottesdienst am Sonntag Trinitatis, 15.6.2014, in der evangelischen St. Marienkirche Berlin – Mitte.
[39] Zitiert nach: G. Bellmann (Hg.), Potsdamer Platz. Drehscheibe der Weltstadt, Berlin 1997, S. 243.

von der die Bibel ausführlich erzählt und deren Name sich
dank des in ihr noch immer in seinen Grundmauern zu se-
henden Turmes als Symbol menschlicher Hybris bis heute
tief in das kulturelle Gedächtnis eingeprägt hat. Die Rede
soll sein von Babel, von der Stadt und ihrem Turm, welche
die biblischen Verfasser ganz bewusst als ein Gleichnis weit
an den Anfang ihrer großen Erzählung von Gott und den
Menschen gestellt haben.

Ich lese diese Erzählung in der Übersetzung von Moses
Mendelssohn, dem Zeitgenossen Lessings, der die erste jüdische Übersetzung der Tora ins Deutsche angefertigt hat.
Ich habe mich für eine jüdische Übersetzung entschieden,
hat doch das Judentum mittels seiner heiligen Stadt Jerusalem, seiner durch die Diaspora bedingten Verbreitung in
alle Städte, seinem Leben in den städtischen Ghettos eine
ganz besondere Beziehung zum Phänomen der Stadt – und
dies gilt in besonderer Weise auch für Moses Mendelssohn,
der sich nur zeitweise und aufgrund besonderer Bürgschaf-
ten in Berlin aufhalten und ansonsten die Stadt nur durch
das Rosenthaler Tor betreten und verlassen durfte.

1 Damals war auf der ganzen Erde einerlei Sprache und ei-
nerlei Redensarten. 2 Als sie nun von der Morgenseite hinweg-
gezogen, fanden sie eine Ebene im Land Schin'ar und ließen
sich daselbst nieder. 3 Da sprachen sie einer zum anderen:
„Wohlan, wir wollen Ziegel streichen und sie brennen.“ Die
Ziegel dienten ihnen als Steine, und den Ton gebrauchten sie
als Mörtel. 4 Sie sprachen: „Wohlan, lasst uns eine Stadt bau-
en und einen Turm, dessen Spitze an den Himmel reicht, da-
mit wir uns einen Namen machen und verhüten, dass wir
nicht auf der ganzen Erde zerstreut werden.“ 5 Der Ewige ließ
sich herab, um die Stadt und den Turm zu sehen, welche die
Menschenkinder erbaut hatten. 6 Da sprach der Ewige: „Nun
ist es ein einziges Volk und haben alle einerlei Sprache, und
dies ist ihre erste Unternehmung. Soll ihnen nun nichts fehl-
schlagen, was sie sich vorgenommen? 7 Wohlan, wir wollen
uns herablassen und ihre Sprache daselbst verwirren, damit
einer die Sprache des anderen nicht verstehe.“ 8 Der Ewige
zerstreute sie von da weg auf die Oberfläche der ganzen Erde,

und so hörten sie auf die Stadt zu bauen. 9 Darum hat man die Stadt „Bawel" genannt, da daselbst hat der Ewige die Sprache der ganzen Erde verwirrt. Und von da aus hat sie der Ewige zerstreut auf die Oberfläche der ganzen Erde.[40]

Irgendwie habe ich Verständnis für die Erbauer Babels und bewundere sie auch ein wenig. Vor allem ihren tiefen Wunsch nach Einheit kann ich gut verstehen: „We Are One"[41] – das könnte von den Erbauern Babels stammen. Aus Angst, sich aus den Augen zu verlieren, bauen sie eine Stadt, verbunden, wie es sich für eine Stadt im Alten Orient gehört, mit einem gewaltigen Turm. Alles scheint bestens geplant: die allen gemeinsame Sprache ermöglicht mühelose Kommunikation, das Anfertigen von Ziegeln geschieht in großem Stil, mechanisch, fast wie von selbst, Stein auf Stein, immer höher, immer weiter, alles im Dienst, die eigene Existenz zu sichern, beieinander zu bleiben, nicht verloren zu gehen in einer Welt, die alles andere als verlässlich erscheint – die große Flut liegt, folgt man dem Verlauf der biblischen Erzählung, ja noch nicht lange zu zurück. *Eine* Sprache, *eine* Menschheit, *eine* Stadt und *ein* Turm – „We Are One" – das klingt doch alles gut.

Und doch scheint es fundamentale Planungsfehler bei diesem Großprojekt zu geben. Gott sieht diese „erste Unternehmung", wie Mendelssohn schön übersetzt hat, – und greift ein. Manch ein Ausleger hat hier auf das alte Motiv des Götterneides geschlossen: Gott sei angesichts der Megacity neidisch auf die Kunst der Menschen geworden, habe es nicht verwunden, dass ihr Turm an seinen Himmel kratzt. Doch die biblische Erzählung ist keine Variante der Prometheusmythe. Das Problem der Generation Babel liegt auf anderer Ebene.

---

[40] Die Tora nach der Übersetzung von Moses Mendelssohn mit den Prophetenlesungen im Anhang, hg. im Auftrag des Abraham Geiger Kolleges und des Moses Mendelssohn Zentrums Potsdam von A. Böckler mit einem Vorwort von T. Ben Chorin, Berlin 2001 / Darmstadt 2002, S. 47.

[41] Titel des Songs der Fußballweltmeisterschaft 2014 in Brasilien.

Es sind vier Planungsfehler, die das Unternehmen scheitern lassen und die gleichnishaft jedem ähnlich gelagerten Projekt das Verdikt Babel, „Zerstreuung", „Gemenge", „Ruine" prophezeien. Man kommt den Planungsfehlern auf die Spur, wenn man sich die einzelnen Bausteine, aus denen die Erzählung höchst kunstvoll gestaltet ist, genauer ansieht.

Der erste Planungsfehler: Unsere Stadtbauer bauen ohne Gott, das meint: sie bauen eine Stadt und einen Turm, vergessen dabei aber zwei grundlegende Dinge, die für jeden Bau einer Stadt im Alten Orient unabdingbar waren.

So lesen wir nichts von der Anfertigung einer göttlichen Gründungsfigur, wie sie beim Bau einer Stadt zumeist in der Nähe der Stadtmauer im Boden versenkt wurde. Mit solch einer Figur wurde symbolisch die Stadt unter den Schutz eines Stadtgottes gestellt, die Stadt erschien so als Gründung der entsprechenden Gottheit selbst, mitunter lebt diese Vorstellung im Namen der jeweiligen Stadt fort, so im Namen Jerusalems als der „Gründung des Gottes Salem", später verstanden als die Gründung des einen Gottes Israels, des Ewigen.

Und noch ein Zweites vergessen unsere Baumeister in der Ebene Sinear offenbar: Sie bauen zwar einen Turm, aber keinen Tempel. Eine Stadt ohne Tempel – das ist der erste Planungsfehler, nicht das Bauen an sich, nicht die sich im Bau einer Stadt manifestierende Kultur, nicht der in einer Stadt aufblühende Kommerz sind das Problem, sondern das Fehlen eines Gotteshauses, eines Ortes der Begegnung mit Gott.

Natürlich lässt sich Gott auch außerhalb von Tempeln erleben, doch erscheint die bewusste Ausblendung der Kultstätte als grundlegendes Versäumnis. Nicht dass die Banken und Hotels höher als die Kirchtürme sind, ist das Problem, sondern dass der Kirchturm gar nicht vorhanden ist. Noch einmal: Gott zeigt sich auch außerhalb der Heiligtümer dieser Welt. Wo diese aber fehlen, da zeigt sich ein Mangel am Bewusstsein für das Heilige – und daher schreitet der Heilige nach unserer Erzählung ein.

Ein zweiter Planungsfehler: Unsere Stadtbauer sprechen *eine* Sprache, an sich wunderbar, scheinbar grenzenlose Kommunikation – „We Are One". Die Erzählung strotzt nur so von Stilmitteln – der biblische Erzähler zieht alle Register hebräischer Poesie, um die Schönheit von Sprache zu zeigen.

Doch auch diese Sache hat einen Haken: Durchgehend sprechen die Menschen vor Babel zu sich selbst, kreisen in ihrer Sprache um sich und um ihr Projekt: Es ist eine Sprache ohne Gott – nicht dass das Wort „Gott" in ihren Worten vorkommen müsste; nicht daran zeigt sich Religion, dass und wie oft ich das Wort „Gott" in den Mund nehme, wohl aber daran, ob ich *zu* Gott spreche und ob ich mich *von* Gott ansprechen lasse.

Die Bibel ist auch ein großes Lehrbuch eines Dialogs mit Gott: Sprechen zu Gott und mit Gott, sich ansprechen lassen und hören auf Gott, ein Leben im Dialog mit Gott, das soll menschliches Leben nach biblischem Verständnis prägen. All das geht aber offenbar den Erbauern Babels ab – ganz im Gegensatz zu der Lichtgestalt des Alten Testaments, von dem die biblischen Erzähler unmittelbar nach der Babelstory erzählen, von Abraham, der zu Gott und mit Gott spricht.

Abraham ist im Übrigen das genaue Gegenbild zu den namenlosen Baumeistern Babels: Er zieht umher, lässt sich von Gott ansprechen, baut einen Altar und spricht immer wieder mit Gott.

Und noch eine zweite Nuance zeigt sich im Planungsfehler der Sprache ohne Gott. Nach dem Gen 11 unmittelbar vorgehenden Bericht in Gen 10 über die Verteilung der Menschheit über die Erde ist die Gliederung in Familien, Sippen, Völker, Sprachen gottgewollt. Differenzierung und Pluralität, Vielsprachigkeit und Buntheit sind nach Gen 10 die Art und Weise, wie die Menschen leben sollen. Gen 11 erscheint vor diesem Hintergrund wie der menschliche Versuch, diesen göttlichen Plan der Vielheit zu unterlaufen: *ein* Volk, *ein* Land, *eine* Sprache, *eine* Währung – die Geschichte ist voll von solchen Versuchen der Uniformität, von Alexander dem Großen bis in die Gegenwart. So ist die

Stadt– und Turmbauerzählung *via negationis* ein Plädoyer
für Vielfalt und für Vielsprachigkeit – beides verstanden als
Chance auf dem Weg zum echten gegenseitigen Verstehen.
Denn die Begegnung mit dem Anderen erfordert ein Sich
einlassen auf den Anderen, ein Lernen in der Begegnung,
wie es der jüdische Religionsphilosoph Martin Buber zeit-
lebens gelehrt hat.
Gerade die Plätze unserer Städte könnten solche Orte des
vielfältigen und vielstimmigen Verstehens sein, auch der
Potsdamer Platz – wenn dann auch noch Gott zur Sprache
kommt, sei es im stillen Gebet, sei es, dass ich mich von
Gott angesprochen erlebe, dann wird der Platz zu einem
Ort, von dem es wie im vorhin gelesenen Psalm 87 heißt:
„Und sie werden beim Reigentanz singen / All meine Quel-
len entspringen in dir." Dann wird meine Stadt zum Zion.
Ein dritter Planungsfehler: Unsere Stadtbauer wollen sich
selbst einen Namen machen. Das Motiv hat eine doppelte
Stoßrichtung. Zum einen steht der Name für die ganze
Person, für ein die Zeiten überdauerndes Andenken – Name und Denkmal, das sind im Hebräischen Synonyme.
Auf der Textoberfläche ist der Wunsch nach einem Namen
verständlich – tragen doch unsere tragischen Helden keinen
eigenen Namen, sie sind, wörtlich übersetzt, die „Söhne
Adams", erscheinen aber nicht als Individuen. Dagegen
steht die das Alte Testament durchziehende Vorstellung,
dass Gott selbst Namen verleiht – wiederum ist Abraham
die erste große Kontrastfigur, denn er erhält von Gott einen
bzw. einen neuen Namen. Sodann ist es Gott selbst, der
sagt „Ich habe dich bei deinem Namen gerufen; du bist
mein!" (Jes 43,1).
Erneut scheint das Problem der urgeschichtlichen Baumeister zu sein, dass sie um sich selbst kreisen, um ihre eigene
Bedeutung und Wichtigkeit. Der Stadt– und Turmbau ist
eine Chiffre für kollektive Egomanie – und gegen diese
schreitet Gott ein, zugunsten des Lebens des Einzelnen, der
sich von Gott seinen Namen, seine Würde sowie – und das
ist der zweite Aspekt des Namensmotivs – das Überleben in
dieser Welt schenken lässt. Denn letztlich zielt der Bau der
urgeschichtlichen Megalopolis auch auf eine Überwindung

der Todesgrenze, eben deshalb spricht der Erzähler in An-
knüpfung an die Erzählung vom Paradies bewusst von
„Adams Söhnen": Auch der größten Stadt und dem höchsten Turm sind keine Ewigkeit geschenkt. Über die totale
Zerstörung des Potsdamer Platzes am 3.2.1945 können
auch das Sony–Center und das Ritz–Carlton nicht hinweg
täuschen. Ewigkeit schenkt allein der Ewige, auch daran erinnert die Babelgeschichte.

Und noch auf einen vierten Planungsfehler möchte ich hin-
weisen: Der Städtebau beabsichtigt die Herstellung *einer*
Menschheit. Doch nicht eine anonyme Heerschar gleich
gestalteter und gleichgeschalteter Klone, ein amorpher
Haufen geschichts– und gesichtsloser Gestalten, sondern
eine Vielfalt von Individuen, von selbstständigen Persön-
lichkeiten und vielstimmigen Lebensgeschichten ist das
Bild vom Menschen, wie es Gen 11, erneut im Gegenüber
zu Gen 10, zeichnet.

Gleichwohl steht diesem biblischen Plädoyer für Vielheit
die Hoffnung und die Zusage auf eine Einheit zur Seite. In
dieser Linie hat die Apostelgeschichte die Babelerzählung
aufgenommen, wenn sie davon berichtet, dass an Pfingsten
die Vielheit der Sprachen in der Einheit des Verstehens des
Evangeliums überwunden ist (Apg 2). In ähnliche Richtung weist unser Eingangspsalm, wenn er die Einheit der
Menschen in der Einheit ihres Vertrauens auf den Gott Israels findet (Ps 87), und in ähnliche Richtung geht Paulus,
wenn er im Galaterbrief die Einheit der Menschen im
Glauben an Christus findet (Gal 3,27). Nicht der grund-
sätzliche menschliche Wunsch nach Einheit wird von unserer Erzählung kritisiert, sondern die Funktion und die
Richtung dieser Einheit: Wird diese darin gefunden, das
Leben als von Gott gegeben, auf Gott hin ausgerichtet und
vor Gott zur Sprache gebracht zu verstehen, dann steht sie
unter dem Segen Gottes, dann können wir getrost singen
„We Are One".

Wo ich zu Gott spreche und mich von Gott ansprechen
lasse, wo ich mit dem Heiligen rechne und dem Heiligen
Raum gebe, wo ich Vielheit menschlichen Lebens als gottgewollt und als Chance der Begegnung verstehe, wo ich

mich im Vertrauen auf Gott mit anderen eins weiß, da ist
meine Stadt Gottes – und das kann zwischen den Türmen
von Kultur und Kapital am Potsdamer Platz ebenso gut der
Fall sein wie an jedem anderen Ort der Welt auch, denn
einen gottlosen Raum gibt es gar nicht – weder in Babel
noch in Berlin.

„Und der Friede Gottes, der höher ist als alle Vernunft, be-
wahre Eure Herzen und Sinne, in Christus Jesus, Amen."

Gnadenlos? „Gnädig und barmherzig ist der HERR …"[42]

Exodus 34,6–7

„Gnade sei mit Euch und Friede von Gott unserem Vater und dem Herrn Jesus Christus."

Liebe Gemeinde,
erste Worte haben eine besondere Bedeutung. Stolz schreiben Eltern die ersten Worte ihrer kleinen Kinder auf. Hast Du gehört? Er spricht schon, der Kleine! Und selbst, wenn es noch unverständliche Laute sind: ein erstes Wort. Damit bricht ein neues Zeitalter an: für die Eltern wie für das kleine Menschenwesen, Türen tun sich auf, ganz neue Welten öffnen sich. Erste Worte, sie sind oft der Schlüssel für Beziehungen – erste Worte, sie geben erste Auskünfte über mein Gegenüber, sie prägen sich dem Gedächtnis ein und wirken sich aus auf mein Verstehen.
Mit gutem Grund ist das erste Wort, das jeden Sonntag von der Kanzel gesprochen wird oder doch zumindest gesprochen werden sollte, das Wort „Gnade". „Gnade sei mit euch …" – „Gnade" als ein *erstes* Wort, als Schlüssel zum Leben und als Schlüssel zu Gott. Warum ausgerechnet das Wort „Gnade"? Unser Predigttext gibt hierauf eine Antwort. Ich lese aus dem Buch Exodus Kapitel 34 die Verse 1–8:

1 Und der HERR sprach zu Mose: Haue dir zwei steinerne Tafeln zu, wie die ersten waren, dass ich die Worte darauf schreibe, die auf den ersten Tafeln standen, welche du zerbrochen hast. 2 Und sei morgen bereit, dass du früh auf den Berg Sinai steigest und dort zu mir tretest auf dem Gipfel des Berges. 3 Und lass niemand mit dir hinaufsteigen; es soll auch

---

[42] Gehalten am vorletzten Sonntag des Kirchenjahres, 13.11.2011, im Universitätsgottesdienst in der evangelischen St. Marienkirche Berlin – Mitte.

niemand gesehen werden auf dem ganzen Berge. Auch kein
Schaf und Rind lass weiden gegen diesen Berg hin. 4 Und Mo-
se hieb zwei steinerne Tafeln zu, wie die ersten waren, und
stand am Morgen früh auf und stieg auf den Berg Sinai, wie
ihm der HERR geboten hatte, und nahm die zwei steinernen
Tafeln in seine Hand. 5 Da kam der HERR hernieder in einer
Wolke, und Mose trat daselbst zu ihm und rief den Namen des
HERR an.⁴³ 6 Und der HERR ging vor seinem Angesicht vo-
rüber, und er rief aus: HERR, HERR, Gott, barmherzig und
gnädig und geduldig und von großer Gnade und Treue, 7 der
da Tausenden Gnade bewahrt und vergibt Missetat, Übertre-
tung und Sünde, aber ungestraft lässt er niemand, sondern
sucht die Missetat der Väter heim an Kindern und Kindeskin-
dern bis ins dritte und vierte Glied! 8 Und Mose neigte sich ei-
lends zur Erde und betete an.

Wir wissen nicht, wer diese Worte aufgeschrieben hat. Aber
der unbekannte Erzähler lässt uns hier zu Zeugen einer Begegnung der ganz besonderen Art werden. Da steht Mose,
der Repräsentant Israels, einsam auf dem Gipfel des Sinai –
des Berges, dessen Name im Hebräischen fast gleichlautet
wie das Wort für „Dornenbusch“, des Berges, der auf keiner Landkarte zu finden ist und doch Symbol für die Begegnung mit Gott schlechthin ist. In der Wüste, abgelegen
von jeder Besiedelung, fern vom Lärm der Städte und Straßen, mitten in der Einsamkeit, da lässt unser Erzähler Gott
Mose begegnen. In der Einsamkeit, da spricht und zeigt
sich Gott. Offenbar braucht es diese Stille, um Gott zu hören. Stille öffnet Augen und Ohren.
Allein ist Mose, aber er hat Schweres im Gepäck: Zwei
steinerne Tafeln, die Gott selbst beschriften will, Ersatz für
die aus Zorn über die Anfertigung des Goldenen Kalbes
zerstörten Tafeln mit den 10 Geboten. Mose kommt nicht
mit leeren Händen zu Gott, auch wenn die Tafeln noch
keine Buchstaben tragen. Mose ist bereit, seine Tafeln von
Gott beschriften zu lassen, das Werk seiner eigenen

---

⁴³ Die durchgestrichenen Wörter sind Zusätze in der Lutherübersetzung, die nicht im hebräischen Text stehen.

menschlichen Hände soll von Gott beschrieben werden. Mose selbst als Schriftträger Gottes – so stellt ihn der Erzähler vor uns: Mose, der Repräsentant Israels, als Schriftträger Gottes.

Ist Mose nicht auch mein Repräsentant? Bin ich nicht, so wie er, schon oft genug aus Fluten,[44] die sich über mich ergossen haben, gerettet worden? Habe ich nicht auch schon die Erfahrung gemacht, dass Gott spricht, mit *mir* spricht, *mir* einen Auftrag gibt, *mich* in Krisen bewahrt? Kenne ich nicht auch Momente, da ich mit meinem Schicksal hadere, da ich von Murren und Undankbarkeit umgeben bin und alles hinschmeißen will und gerade dann Gott mich wieder anspricht? Wenn das so ist, wenn ich, wenn Sie, liebe Gemeinde, solche Erfahrungen und Momente kennen, dann ist Mose auch unser Repräsentant, dann steht hier kein ägyptisierter Semit der Spätbronzezeit auf dem Gipfel irgendeines arabischen Wüstenbergs, dann stehe ich, dann stehen Sie hier, mitten in der Einsamkeit, fern von jedem Lärm, als Schriftträger Gottes, bereit, sich von Gott beschriften zu lassen. In voller Präsenz, so wie es Gott nach V. 2 von Mose verlangt: Sei bereit, sei präsent – präsent für Gott, präsent für Gottes Wort an dich.

Mose ist präsent, ganz wach und erlebt, wie Gott erscheint: Die Begegnung mit Gott braucht Wachheit. Deshalb hat sich Mose früh am Morgen aufgemacht. Wer Gott erleben will, muss wach sein! Mose erlebt Gott; er erlebt, wie Gott ganz dicht an ihn herantritt – und spricht. Obwohl der hebräische Text sprachlich ganz klar ist, gerät man hier leicht ins Stolpern. Wer tritt hier an wen heran? Wer ruft den Namen des HERRN? Wer ruft „HERR, HERR"? Luther dachte hier an Mose und hat daher in seiner Übersetzung gegen den hebräischen Text „Mose" eingefügt. Doch das steht nicht da. So merkwürdig die Szene erscheint: Es ist Gott selbst, der neben Mose tritt und seinen eigenen Namen ausruft! Wie in der berühmten Szene am Dornenbusch (Ex 3) stellt sich Gott hier unter seinem Namen vor.

---

[44] Vgl. Ex 2,1–10; 14,1–15,21.

In gewisser Weise ist unser Predigttext ein Pendant zur Dornbuscherzählung.

Hier wie dort offenbart sich Gott mit seinem Namen. Doch hier entfaltet der Erzähler diesen Namen weiter und bestimmt so das Wesen Gottes: HERR, HERR, das meint: der HERR ist der HERR, kein anderer, nur er, sein Wesen ist es, HERR zu sein. Der schon im antiken Judentum einsetzende Brauch, anstelle des Eigennamens Gottes „HERR" zu lesen, ist Ausdruck besonderer Ehrfurcht vor Gott – denn wer den Namen von etwas kennt, hat Macht darüber, kann diesen Namen missbrauchen – aber dieser Brauch hat doch dazu geführt, dass in der Folgezeit das Wesen Gottes auf sein Herr-Sein verengt wurde, dass sein Herrschen in den Vordergrund trat und mit vor allem von Männern ausgeübter Gewalt assoziiert werden konnte. Und so müssen wir dem hebräischen Erzähler folgen, der hier bewusst „Jahwe ist Jahwe" schreibt. Damit klingt die Macht über Blitz und Donner, über Fruchtbarkeit und Fluten bringenden Regen ebenso an wie die stete Anwesenheit, das beständige, aktive und dynamische Dasein Gottes an. Jahwe, das ist das *erste* Wort, das Mose hier von dem in einem Sturm an ihm vorbei brausenden Gott hört.

Eigentlich eine Paradoxie: In der absoluten Stille, in der Einsamkeit, da zieht Gott in einem Sturm vorüber. Unsichtbar, aber spürbar – unverfügbar, aber hörbar. Mose erlebt Gott. Für den Erzähler ist klar: Wenn Gott sich zeigt, dann *so*: Er tritt ganz nah an mich heran, er ruft seinen Namen vor mir aus, zieht an mir vorbei, dass ich tief erschüttert bin – all das steckt hier in dem einen hebräischen Wort „vorüberziehen" – er, Gott, bleibt unfassbar und prägt sich mir doch tief ein.

Was Mose, dem Repräsentanten und Schriftträger Israels, nun eingeprägt wird, ist die Kennnummer Gottes, eine Formel, die sich wie ein roter Faden durch das Alte Testament zieht, die sich in den jüdischen Schriften aus Qumran ebenso findet wie im Neuen Testament: *barmherzig und gnädig, langsam zum Zorn, reich an Treue und Verlässlichkeit.*

Fünf Prädikationen, die das Wesen Gottes ausmachen: Schon das *erste* Wort „barmherzig" würde ausreichen, kennzeichnet Barmherzigkeit doch Gottes grundlose und grundlegende Liebe, die jede Erfahrung väterlicher und mütterlicher Liebe übersteigt; Gott als der ganz andere Vater und die ganz andere Mutter. Der „barmherzige Gott": vielleicht hat Jahwe diesen Titel von dem alten, einst in Kanaan verehrten Gott El geerbt. Doch jetzt erscheint diese Bezeichnung in ganz neuem Licht: in einem Fünfklang gegen jede Form von menschlicher Unbarmherzigkeit und Gnadenlosigkeit, in einem Fünfklang gegen Treulosigkeit und Lüge.

Und was ist mit unserer Erfahrung von Gnadenlosigkeit im Alltag? Leben wir nicht in einer gnadenlosen Zeit? Der Hungertod der Menschen in Ostafrika, die Opfer von Folter und Krieg im Nahen Osten, die Straßenkinder und Obdachlosen in unserer Stadt – wo sind denn da Gnade und Barmherzigkeit, Güte und Verlässlichkeit? Diese Fragen durchziehen in diesem Semester unter dem Titel „Gnadenlos?" die Hochschulgottesdienste. Was ist nun der Beitrag der Erzählung von Mose auf dem Sinai zu diesen Fragen? – Vielleicht der Hinweis auf den Zusammenhang, selbst von Gott in väterlicher und mütterlicher Liebe angesprochen zu sein einerseits und andere Menschen in ebensolcher Liebe anzusprechen andererseits.

Vielleicht ist die Gnadenlosigkeit, die sich in unserer Gesellschaft zeigt, gerade ein Symptom ihrer Gottlosigkeit. Wo der Tod Gottes verkündet wird, wird auch der Tod der Gnade verkündet: Gottlosigkeit gebiert Gnadenlosigkeit. Wer sich selbst nicht von Gott Gnade schenken lässt, kann keine Gnade schenken. Wer Gnade üben will, ohne selbst von Gott Gnade erfahren zu haben, dem geht es wie Sisyphos: sein Bemühen um Gnade ist nutzlos.

Dem Fünfklang gegen Unbarmherzigkeit folgt ein Vierklang zum Umgang Gottes mit menschlicher Schuld. V. 7: *der da Tausenden Gnade bewahrt und vergibt Missetat, Übertretung und Sünde, aber ungestraft lässt er niemand, sondern sucht die Missetat der Väter heim an Kindern und Kindeskindern bis ins dritte und vierte Glied!*

So eingängig die erste Hälfte des Verses ist, so widerständig die zweite. Wie passen die grenzenlose Solidarität Gottes mit seinen Geschöpfen und seine unbedingte Strafverfolgung zusammen? Wie fügt sich die umfassende Vergebung zur Heimsuchung bis ins vierte Glied?

Eine erste Antwort: Gottes Gnade ist prinzipiell unbegrenzt, Gottes Strafe hingegen begrenzt. Die unbegrenzte Solidarität Gottes mit seinen Geschöpfen schließt aber Strafe nicht aus. Das ist zunächst Ausdruck der Hoffnung für alle die, die unter der Schuld und der Sünde anderer Menschen leiden. Dem, der unter ungerechter Verfolgung leidet, der ohnmächtig am eigenen Leib erlebt, dass Recht und Gerechtigkeit mit Füßen getreten werden, diesem bleibt oft nur die Hoffnung darauf, dass Gott selbst eingreift und seine Peiniger straft. Doch der Text meint noch mehr: Was Luther mit „vergeben" übersetzt, meint ein Wegtragen der Sünde, ein Beseitigen der Sündenmacht durch Gott selbst. Die Sünde, die wie ein Giftstoff erscheint, wird durch Gott weggeschafft – durch Gott, weil der Mensch das nicht schafft –, so dass sie sich nicht weiter ausbreiten kann.

Das heißt aber nicht, dass der Sünder straffrei bleibt: Konsequenzen seines Handelns muss er tragen. Eine Heimsuchung, mit anderen Worten, dass er zur Verantwortung gezogen wird, bleibt ihm nicht erspart. Als Wesen, das zum Bilde Gottes geschaffen wurde, das mit der Fähigkeit ausgestattet ist, seinem Nächsten, sich selbst und Gott Antwort zu geben, kann er sich nicht von der Verantwortung suspendieren. Die biblischen Erzählungen von Adam und Kain, Jona und Hiob zeigen das: Sie alle mussten sich Gott stellen. Es gehört zum Menschsein, zu seiner Würde dazu, dass er sich der Verantwortung stellt – und das im Vertrauen darauf, dass Gottes Liebe stärker als sein Zorn, sein Wille, Leben zu erhalten, stärker als sein Wille, Leben zu zerstören, ist.

Es bleibt der Anstoß, dass diese Strafe bis ins „dritte und vierte Glied" reichen soll. Daher der Versuch einer zweiten Antwort: Es gibt überindividuelle Schuld – dass die Söhne in *den* Kriegen sterben müssen, die ihre Väter angezettelt

haben, zeigt die Geschichte bis heute; dass Konstruktions-
fehler in Atomkraftwerken noch die Ururenkel der ursprünglichen Techniker betreffen, zeigen uns die Bilder
von Tschernobyl, die gerade in diesem Jahr angesichts der
vom Erdbeben in Fukushima zerstörten Atomreaktoren
wieder ins Bewusstsein getreten sind. Und auch die gegenwärtige weltweite Finanzkrise trifft erst die nachfolgenden
Generationen. Es gibt Sünden, deren Folgen erst die Kinder und Kindeskinder derer, die sie verbrochen haben, tragen müssen.

Nun umfasst nach biblischer Rechnung die Ausdehnung
der Verantwortlichkeit des einzelnen Menschen die im
Höchstfall in einer Familie zusammenlebenden *vier* Generationen, vom Vater bis zum Urenkel. Vor dem Hintergrund eines Denkens im Familienverband trifft die Strafe,
die an den Kindern eines Verbrechers geübt wird, diesen
selbst. Der Tod Abels (Gen 4) ist zuallererst eine Strafe
Adams und Evas.

Das stört unser Empfinden von Gerechtigkeit, und schon
im Alten Testament regt sich Widerspruch gegen die Übertragung der Strafe auf die unschuldigen Nachkommen,
wenn in Ezechiel 18 die individuelle Verantwortlichkeit
eingefordert wird. Dort, wo im Alten Testament immer
stärker der Einzelne in seiner Beziehung zu Gott in den
Mittelpunkt der Betrachtung tritt, verschiebt sich dann
auch die Perspektive in die Richtung der vom einzelnen
Täter zu tragenden Strafe. In der Erzählung der Heilung
des Blindgeborenen, wie sie im Johannesevangelium über-
liefert ist (Joh 9), ist der Konnex zwischen einer Sünde der
Eltern und dem als Strafe verstandenen Leid des Kindes
vollends überwunden. So zeigt sich hier auch eine Grenze
unseres Predigttextes, die seiner traditionsgeschichtlichen
Verhaftung und seinem Erzählkontext – wir befinden uns
ja im Kontext der Erzählung vom vierzigjährigen Wüsten-
zug Israels, der gleichsam als Strafe für ein mangelndes Vertrauen Israels und als Paradigma der Diasporasituation Israels nach der Zerstörung des Jerusalemer Tempels 587 v.
Chr. verstanden wird – geschuldet ist.

Betrachtet man aber die hier in Ex 34,6–7 erstmals im narrativen Gefälle des Alten Testament auftauchende „Gnadenformel" im Zusammenhang aller ihrer Belege, so zeigt sich als ihr Zentrum die Charakteristik Gottes als gnädig und barmherzig. Gnade und Barmherzigkeit erscheinen demzufolge als der Kern des Wesens Gottes. Neues Testament und babylonischer Talmud haben diese Linie fortgeschrieben, wenn sie von der grundlosen Liebe Gottes zur Welt und vom Gebet Gottes, seine Barmherzigkeit, möge seinen Zorn bezwingen, erzählen (Joh 3,16; bBer 7a).

Ein letzter Gedanke: Auf Gottes Offenbarung seines Wesens reagiert Mose mit der Anbetung Gottes (V. 8). Spiegelbildlich zur Verkündigung Gottes seines Namens, zum Gebet Gottes selbst, betet Mose. Gott und Mensch erscheinen hier im Gebet vereint. Zur Gottesbegegnung gehört das Gebet dazu – nicht, dass die Begegnung mit Gott vom Gebet abhängig wäre, wohl aber, dass das Gebet die Haltung ist, in der die Begegnung mit Gott erlebt und ergriffen wird. Das Gebet ist hier der Ort, wo Gott zuallererst als der Barmherzige und Gnädige erfahren wird. Dem entsprechend ist das *erste* Wort, das Mose schließlich spricht: „Wenn ich denn *Gnade* gefunden habe, Herr, in deinen Augen." (Ex 34,9). Und damit schließt sich der Kreis zur Bedeutung der ersten Worte: die Erfahrung von Gott angesprochen zu sein, das ist der erste Akt der Gnade und Barmherzigkeit Gottes, das ist der Auftakt zu einem Leben, das auch in gnadenloser Zeit nicht in Depression oder Gleichgültigkeit versinkt, sondern selbst Gnade und Barmherzigkeit übt.

„Und der Friede Gottes, der höher ist als alle Vernunft, bewahre Eure Herzen und Sinne in Christus Jesus. Amen."

Worauf es ankommt[45]

Deuteronomium 30,11–14

„Gnade sei mit Euch und Friede von Gott unserem Vater und dem Herrn Jesus Christus.“

Liebe Gemeinde,
ich möchte mich nicht lange damit aufhalten, über all die mehr oder weniger gut gemeinten Sprüche zu dem, was im Leben zählt, nachzudenken. Wir kennen alle diese Sätze „Hauptsache Gesundheit“, „Viel Erfolg“, „Glück in der Liebe“ usw. Die Neujahrswünsche klingen uns noch im Ohr, und die Werbepausen im abendlichen Fernsehen führen deutlich genug vor Augen, worauf es ankommt: auf den Gewinn im Lotto und auf einen Bausparvertrag, auf makellose Schönheit und auf rasend schnelle Autos, auf das Gefühl von Freiheit und Abenteuer, sei es mit Bacardi am Strand oder mit Daniel im Dschungelcamp.
Über all das möchte ich jetzt nicht mit Ihnen nachdenken, jedenfalls nicht direkt. Ich möchte vielmehr mit Ihnen einem alten biblischen Wort nachgehen, das auf seine Weise sagt, worauf es ankommt, worauf es *wirklich* ankommt – wirklich, damit meine ich das, was uns, unser Leben, *wirksam* angeht, das, was *so* in unser Leben hinein *wirkt*, dass es uns verändert, dass es uns in eine neue *Wirklichkeit* stellt, und dies nicht nur vorübergehend, in Zeiten des Geschwindigkeits– oder Partyrauschs, nicht nur punktuell in körperlichem Erleben oder geistigen Höhenflügen, sondern *wirklich*, *wirksam*, eine neue *Wirklichkeit*, eine neue Zeit für Leib und Seele, für Körper und Geist.
Ein solches Wort, das sagt, worauf es wirklich ankommt, findet sich im Buch Deuteronomium im 30. Kapitel. Ein-

[45] Gehalten am letzten Sonntag nach Epiphanias, 1.2.2004 im Hochschulgottesdienst in der evangelischen St. Jakobskirche, Frankfurt am Main – Bockenheim.

gebettet in eine Rede des Mose, des beispielhaften Führers und Priesters, des vorbildlichen Lehrers und Propheten, erscheint es als Wort Gottes selbst. Verortet in der Wüste, jenseits des gelobten Landes, richtet es sich an das umherziehende Israel, an Israel, das auf dem Weg ist, und wird so zum Wort für alle, die unterwegs sind, für alle, die auf der Suche sind nach Gott, auf der Suche nach Leben, auf der Suche nach Sinn. Ich lese aus Dtn 30 die Verse 11–14 in der Übersetzung von Martin Luther:

11 Denn das Gebot, das ich dir heute gebiete, ist dir nicht zu hoch und nicht zu fern.
12 Es ist nicht im Himmel, dass du sagen müsstest: Wer will für uns in den Himmel fahren und es uns holen, dass wir's hören und tun?
13 Es ist auch nicht jenseits des Meeres, dass du sagen müsstest: Wer will für uns über das Meer fahren und es uns holen, dass wir's hören und tun?
14 Denn es ist das Wort ganz nahe bei dir, in deinem Munde und in deinem Herzen, dass du es tust.

Soweit das Wort aus Dtn 30. Was wir eben gehört haben, das ist eine, nein, das ist *die* Antwort auf die tiefe Sehnsucht, die in uns allen steckt: es ist die Antwort auf die tiefe Sehnsucht, für die der Flug zum Mars oder das Besteigen des Mount Everest nur der deutlichste Ausdruck sind, es ist die Antwort auf unsere tiefe Sehnsucht nach einem erfüllten Leben, nach einem mit Sinn gefülltem Leben – nach Sinn, in jeder Erfahrung, die wir machen, nach Sinn, in jeder Aufgabe, vor die wir uns gestellt sehen, nach Sinn, in jeder Beziehung, die unser Leben prägt – die Suche nach Sinn, *die* treibt uns an; bewusst oder unbewusst steht diese Suche hinter unserer Arbeit an der Uni oder im Beruf, hinter der Gestaltung unserer Freizeit und unseres Lebens in der Familie.

Das ist es, worauf es ankommt: auf die Entdeckung von Sinn in meinem Leben, Sinn in dem, was ich tue, Sinn in dem, was ich erleide, und Sinn in den Beziehungen meines Lebens. Sinn entdecken – darauf kommt es an. Das weiß

der unbekannte Verfasser, dem wir die kleine Predigt im
Munde des Mose verdanken.

*11 Denn das Gebot, das ich dir heute gebiete, ist dir nicht zu
hoch und nicht zu fern.*
*12 Es ist nicht im Himmel, dass du sagen müsstest: Wer will
für uns in den Himmel fahren und es uns holen, dass wir's hören und tun?*
*13 Es ist auch nicht jenseits des Meeres, dass du sagen müsstest:
Wer will für uns über das Meer fahren und es uns holen, dass
wir's hören und tun?*
*14 Denn es ist das Wort ganz nahe bei dir, in deinem Munde
und in deinem Herzen, dass du es tust.*

Wie die kunstvolle Architektur des biblischen Textes, die
Entsprechungen der einzelnen Begriffe, der eindringliche
Stil und die Konzentration auf wenige energiegeladene
Worte zeigen, muss es ein begnadeter Prediger gewesen
sein, der hier in das Gewand des Mose schlüpft. Sein Stil,
seine Anspielungen auf andere biblische Texte verraten ihn
als einen gebildeten Theologen, als einen an der Schrift
ausgebildeten Theologen, für den im Mittelpunkt des Lebens die Auseinandersetzung mit dem schriftgewordenen
Wort Gottes steht.
Und so ist der Sinn des Lebens für unseren unbekannten
Theologen die Entdeckung des Wortes Gottes, die Ent-
schlüsselung der heiligen Schrift. Genau deshalb kann er
sagen: Gottes Wort ist nicht fern, es ist weder im Himmel,
noch am äußersten Meer, es ist weder auf dem Mars, noch
im Kern der Erde. Hier zeigt sich der Unsinn des Satzes,
den einst der Kosmonaut Juri Gagarin gesagt haben soll, als
er die Erde umkreiste, er habe alles gesehen, Gott sei nicht
dagewesen. Natürlich war er nicht da – denn er ist, nein –
er wirkt in seinem Wort. Gott ist nicht irgendwo, eine solche räumliche Spurensuche nach Gott ist ein sinnloses
Abenteuer. Gott wirkt, und zwar in seinem Wort, er wirkt
in seinem Wort, das ein Mensch hört und daraus für sein
Leben Konsequenzen zieht: Gott ist nicht, sondern wirkt,
er spricht, stiftet eine Beziehung, schenkt Freiheit, bewahrt,

unterweist und führt, auch durch dunkle Täler, aber er
führt; davon erzählen gerade auch die Mosegeschichten.
In der Erfahrung von Freiheit, da wirkt Gott; in der Erfahrung, getragen zu sein, da wirkt Gott; in dem Erleben, un-
terwiesen zu werden, Weg–Weisung zu bekommen und
zwar so, dass mein Leben neue Perspektiven erhält, dass ich
neue Lebensräume und Lebenszeiten entdecke: da wirkt
Gott – und all diese Erfahrungen geschehen nicht im
Himmel oder in der Hölle, sie geschehen hier auf der Erde,
alltäglich, stündlich, sie geschehen, in der Begegnung von
Menschen, die einander Freiheit geben und Freiheit bewahren, in der Begegnung von Menschen, die einander
wegweisende Worte schenken und die füreinander eine
schützende Hand haben. Gott wirkt – ganz nah. Und so
nah sein Wirken ist, so nah ist auch sein Wort: *Denn es ist
das Wort ganz nahe bei dir, in deinem Munde und in deinem
Herzen, dass du es tust* (V. 14).
Wie soll das gehen? Gottes Wort in meinem Mund, in
meinem Herzen? Ganz einfach, würde unser namenloser
Prediger sagen: Indem du das Wort Gottes liest, im Lesen,
und zwar in einem sorgfältigen, lauten, meditierenden Lesen, da wirkt das Wort Gottes – Gesegnet ist, ja ein gelin-
gendes Leben hat, wer Tag und Nacht über das Wort Gottes nachdenkt, so heißt es in Psalm 1 – im Akt des Lesens
wird das Wort Gottes lebendig, im Akt des Hörens der
Schrift beginnt das Wort Gottes zu wirken. In der Begegnung mit dem Wort Gottes, und zwar hier und jetzt, nicht
irgendwann und irgendwo, da erschließt sich der Sinn
meines Lebens – er erschließt sich, indem ich meine aktuel-
le Lebenssituation, die Situation, in der ich mich gerade be-
finde, mein Leben heute, vor dem Hintergrund des Wortes
Gottes lese – mein Leben mit dem Wort Gottes in Beziehung setzen, das eröffnet neue Perspektiven, das lässt Sinn
entdecken.
Dabei geht es nicht in erster Linie um mein Leben gestern
oder morgen, sondern um mein Leben heute, hier, an diesem Ort, in dieser Stadt, an dieser Uni, unter den Umstän-
den, unter denen ich gerade lebe – natürlich, auch die Vergangenheit will gedeutet sein, auch meine früheren Erfah-

rungen will ich verstehen, und auch das, was kommt, interessiert mich; aber im Mittelpunkt steht die Gegenwart, die bewältigt und verstanden werden will – die Gegenwart, meine Gegenwart lesen mit dem Wort Gottes im Munde und im Herzen, mit dem Wort Gottes, das jeweils neu und aktuell in meine Zeit hinein ergeht.

Unser Prediger aus dem Dtn könnte auch sagen: Greife zu, nutze den Augenblick, wenn Gott redet; nutze diese Gottesstunde, habe offene Augen und Ohren, habe ein offenes Herz für Gott, denn er spricht, er spricht zu dir. Mit anderen Worten: Nimm in deinem Leben, in dem du gerade stehst, Gott und sein Wort wahr, nimm Gott und sein Wort wahr, halte Gott und sein Wort für verlässlich, für tragfähig, für wegweisend. Sieh zu, was dir in deiner Situation, in deinem Leben, jetzt, hier und heute, etwas einträgt, was dich trägt. Es ist Gott selbst, der dir etwas einträgt, der dich trägt – und zwar durch sein Wort oder, wie unser biblischer Text auch sagt, durch sein *Gebot.*

Hinter diesem Gebot verbirgt sich nichts anderes, als der Kernsatz des Dtn:

4 Höre, Israel, der HERR ist unser Gott, der HERR allein.

5 Und du sollst den HERRN, deinen Gott, liebhaben von ganzem Herzen, von ganzer Seele und mit all deiner Kraft.

Gott den Herrn meines Lebens sein lassen, mein Leben lesen als ein von Gott geschriebenes Buch, das eröffnet den Sinn meines Lebens; Gott als Autor meiner Biographie ansehen, alles von Gott erwarten, in meinem Handeln und Denken, also mein Handeln so verstehen, als handele Gott selbst, das eröffnet den Sinn meines Lebens, in jeder Stunde und an jedem Ort neu.

Auf Gott vertrauen, so lautet das schriftgewordene Gebot, das *so* nah ist, dass es keiner Reise in den Himmel oder in die Hölle bedarf; sich ganz auf Gott verlassen, so lautet das Motto, worauf es ankommt. Das Dtn ist hier ganz rational: Es bedarf nicht der Wunder oder der mythischen Besuche auf den Götterbergen; Henoch, Gilgamesch, Herakles, der Terminator oder wie sie alle heißen, die auf der Suche nach dem Leben durch die Welt der Menschen und der Götter fuhren – sie alle haben ausgedient, seitdem der unbekannte Prediger im Dtn zu der Erkenntnis gekommen ist:

11 Denn das Gebot, das ich dir heute gebiete, ist dir nicht zu hoch und nicht zu fern.
12 Es ist nicht im Himmel, dass du sagen müsstest: Wer will für uns in den Himmel fahren und es uns holen, dass wir's hören und tun?
13 Es ist auch nicht jenseits des Meeres, dass du sagen müsstest: Wer will für uns über das Meer fahren und es uns holen, dass wir's hören und tun?
14 Denn es ist das Wort ganz nahe bei dir, in deinem Munde und in deinem Herzen, dass du es tust.

Dieses Wort ist ein Herzstück biblischen Glaubens: es ist geprägt, von der tiefen Überzeugung, dass derjenige, der sein Leben, in glücklichen und unglücklichen, in hellen und in dunklen Stunden, als Gabe und Aufgabe Gottes sieht, den Sinn seines Lebens entdeckt und das Ziel seines Lebens findet.

Im Neuen Testament begegnet dieses Grundwort biblischen Glaubens noch einmal: Paulus zitiert es im Römerbrief und schreibt es fort (Röm 10,6–10). Er schreibt es fort im Blick auf Jesus Christus, der in seinem Leben alles von Gott erwartet und damit exemplarisch vorgelebt hat, was Glaube heißt: absolutes Vertrauen auf den, der mich in dieses Leben gestellt hat, der mich durch dieses Leben führt, der die Gemeinschaft mit mir sucht, im Leben und im Tod. Gottes Wort ist nah: im Bekenntnis zu Jesus als dem Herrn meines Lebens und dem Herrn über alle Mächte dieser Welt, im Glauben daran, dass Gott aus dem Chaos Ordnung schafft und Leben über den Tod hinaus erhält, gewinnt es Gestalt und wirkt und schenkt Sinn und darauf kommt es an, wirklich.

„Und der Friede Gottes, der höher ist als alle menschliche Vernunft, bewahre unsere Herzen und Sinne in Christus Jesus."

Gott und Geld: Geld macht nicht glücklich – kein Geld auch nicht[46]

Hiob 31,24–28

„Friede sei mit Euch von dem, der da war, der da ist und der da kommt!"

In christlichen Kreisen neigt man leicht dazu, das Geld zu verteufeln. Zumal in Zeiten wirtschaftlicher Krisen glaubt man auch in der Kirche, die Schuldigen schnell benennen zu können: „Die Banken und ihre Manager, die Börse und die Aktienspekulanten; sie haben die Welt an den Rand des Abgrunds gebracht – das Geld ist an allem schuld."

Eine solche Schwarzweißmalerei – hier die bösen Zocker, dort die guten Abgezockten – ist nicht neu; sie begleitet die an Wirtschaftskrisen reiche Zeit der Kirche von ihren Anfängen bis zur Gegenwart, ja sie findet sich schon bei den alttestamentlichen Propheten. Doch das macht ein solches Denken nicht richtiger.

Natürlich gehört es zur Aufgabe der Kirche, wirtschaftliche Missstände klar anzusprechen und für deren Beseitigung einzutreten. Natürlich hat die Kirche die Pflicht, auf soziale Fehlentwicklungen hinzuweisen, Ausbeutung als solche zu benennen und für wirtschaftliche Gerechtigkeit einzutreten. Das ist sie nicht nur ihrem Erbe in Gestalt der sozialen Gebote der Tora oder der mahnenden Worte eines Amos oder Jesaja schuldig, sondern das ergibt sich wesenhaft aus dem Auftrag ihres Herrn, Gottes Liebe zu den Menschen in dieser Welt zu leben.

Doch zur Aufgabe der Kirche gehört es auch, die Dinge differenziert zu betrachten. Christlicher Glaube ist denkender Glaube und das nicht nur in dem Sinn, dass er sich selbst kritisch reflektiert und immer wieder korrigiert, sondern auch in dem Sinn, dass er die Vorgänge in der Welt

[46] Gehalten am 1. Advent, 29.11.2009, im Universitätsgottesdienst in der evangelischen St. Marienkirche Berlin – Mitte.

und in der Gesellschaft in ihrer Komplexität wahrnimmt, dass er sich darum bemüht, die gesellschaftlich und ökonomisch wirksamen Kräfte zu verstehen und diese aus der Perspektive der biblischen Botschaft zu begleiten und zu deuten.

Nun ist die Bibel kein Handbuch der Ökonomie – aber die Bibel ist ein Buch vom Menschen, vom Menschen in allen seinen Lebensphasen zwischen Geburt und Tod, vom Menschen in Zeiten der Freude und der Trauer, vom Menschen in jugendlicher Kraft und Lebensfreude und vom Menschen in all seiner Zerbrechlichkeit und Depression. Insofern ist die Bibel auch ein Buch vom Besitz und vom Verlust, vom Dank über Wachstum und von der Klage über Stagnation, von der Freude über den in der Fremde erworbenen Wohlstand und vom Zorn über Ausbeutung, Armut und Versklavung.

In besonderer Weise thematisiert das Buch Hiob die Frage nach dem Besitz. Und deshalb möchte ich mit Ihnen, liebe Gemeinde, die Fragen, ob Besitz vom Teufel ist und was denn glücklich macht, wenn es nicht das Geld ist, aus der Perspektive des Hiobbuches betrachten.

Wie gesagt: Die Bibel ist kein Leitfaden für die Wirtschaftswissenschaften, auch nicht das Buch Hiob. Aber gerade das Buch Hiob scheint mir richtungsweisend zu sein für die Fragen, wie sich Gott und Geld aus der Perspektive des christlichen Glaubens zusammen denken lassen, und was hinter beidem, hinter dem Geld und hinter Gott, steckt.

Hiob war fromm, besonders fromm, so fromm, dass er sogar vorsorglich für seine Kinder Versöhnungsopfer darbrachte – und Hiob war reich, sehr reich, so reich, dass der Erzähler ihn als reichsten Mann im Orient bezeichnet. Und dieser Reichtum wird ausdrücklich als Folge des göttlichen Segens bezeichnet.

Und hier halte ich das erste Mal inne. Für den Erzähler des Hiobbuches ist klar: Besitz ist nicht vom Teufel, sondern Gabe Gottes, er ist Geschenk Gottes und ist als solches eine beziehungsstiftende Größe. Hiob weiß um diesen Verweischarakter seines Besitzes – er nimmt ihn dankbar aus den

Händen Gottes an, er lebt verantwortungsbewusst mit ihm,
teilt ihn mit seiner Familie, versorgt in sozial vorbildlicher
Weise die Armen in seiner Umgebung – und er kann seinen Besitz aus den Händen geben.

Wer Besitz als Zeichen göttlichen Segens versteht, der wird
auf den Spender, auf Gott selbst verwiesen. Damit wird Besitz aber weder glorifiziert noch dämonisiert, sondern relativiert. Der Euro ist weder Kreuz noch Teufelsbart. Hiob –
und dies gilt für die Bibel insgesamt – verhilft hier zu einer
realistischen, weil relativierenden Einstellung zum Geld, zu
einer freien Einstellung zum Geld, die Raum zum dankba-
ren Empfangen, zur Großzügigkeit und zum Blick für den,
dem das Nötigste zum Leben fehlt, verleiht. Hiob hat solch
eine freie Einstellung zum Geld. Was der Erzähler am Anfang des Buches vermerkt „Der HERR hat es gegeben, der
HERR hat es genommen, gelobt sei der Name des
HERRN" (Hi 1,21), das lässt der Dichter von Hi 31 später
Hiob ausführlich bekennen:

Hab ich das Gold zu meiner Zuversicht gemacht
und zum Feingold gesagt: „Mein Trost"?
Hab ich mich gefreut, dass ich großes Gut besaß
und meine Hand so viel erworben hatte? (Hi 31,24–25)

Hiob weiß um die Relativität seines Besitzes – und zwar
nicht erst, nachdem er ihn in Folge seiner Auslieferung an
den Satan verloren hat, sondern bereits zur Zeit seines
Wohlstandes.

Die rhetorischen Fragen aus Hiobs umfassendem Un-
schuldsbekenntnis in Hi 31 *Hab ich das Gold zu meiner*
Zuversicht gemacht und zum Feingold gesagt: „Mein Trost"?
Hab ich mich gefreut, dass ich großes Gut besaß und meine
Hand so viel erworben hatte? sind für unser Thema in dop-
pelter Hinsicht aufschlussreich:

Geld kann zu einem Gegenstand von Zuversicht und zur
ausschließlichen Grundlage von Trost werden – doch dann
tritt es an die Stelle von Gott, der in der Sprache der Bibel
immer wieder als Quelle von Zuversicht und Trost, ja als
Zuversicht selbst bezeichnet wird: Gott selbst ist wesenhaft
Zuversicht und Trost. Wo hingegen Geld – und ich rede
hier nicht von dem Geld, das zum Kauf der lebensnotwen-

digen Dinge nötig ist – wo Geld zum alleinigen Grund der
Hoffnung wird, da wird es zum Gott. Wo Geld nicht als
Lebensmittel, sondern als Lebensmitte verstanden wird, da
hat es seinen Verweischarakter auf Gott verloren. Das ist
aber nicht etwas für Geld typisches, sondern gilt auch für
andere Lebensmittel des Menschen, sei es die Liebe oder
die Natur. Hiob selbst spricht diese Dinge in seinem Unschuldsbekenntnis deutlich an: auch sie sind ihm nicht zur
Lebensmitte geworden – weder hat ihn die Liebe zu einer
Frau von Gott als seinem Lebensmittelpunkt abgebracht,
noch haben für ihn Sonne und Mond die Qualität einer
Gottheit angenommen:

Hab ich das Licht angesehen, wenn es hell leuchtete,
und den Mond, wenn er herrlich dahinzog,
dass mich mein Herz heimlich betört hätte,
ihnen Küsse zuzuwerfen mit meiner Hand? (Hi 31,26–27)

Licht und Mond, die Sonne und die Gestirne, haben wie
das Geld oder die Liebe als Gaben Gottes Verweischarakter
auf den Schöpfer – wo sie diesen Charakter verlieren und
selbst zum Gott werden, da werden sie – um in der Sprache
der Bibel zu bleiben – zum Teufel. Es sind der Umgang
mit und die Haltung zu den Dingen, die sie zum Problem
werden lassen, und auch das nicht in einem allgemeinen,
objektiven oder neutralen Sinn, sondern ganz konkret und
individuell. Wo meine Gedanken nur noch um das Geld,
das ich habe oder das ich gerne hätte, kreisen, da bin ich in
meiner Person korrumpiert – korrumpiert, weil eingeschränkt in meiner Wahrnehmung des Lebens um mich
herum, eingeschränkt in meiner Offenheit für Gott und die
Welt, die stets mehr sind, als ich und meine Welt.

Ein zweiter Gedanke: Hiob verliert seinen gesamten Besitz
– doch wie dieser nicht vom Teufel kam, sondern von
Gott, so kommt auch der Verlust nicht vom Teufel, sondern von Gott. Beides, der Besitz und sein Verlust, sind
unverdient; wir neigen oft dazu, nur den Verlust als unverdient zu betrachten. Doch für die Dichter des Hiobbuches
haben der Verlust der Habe, der Kinder und der Gesundheit gleichsam Verweischarakter auf Gott. Die Vorstellung,
Gott selbst sei schuld an Hiobs Elend, ist nicht schön – sie

wird aber im Hiobbuch offen ausgesprochen und gibt den
Lesern des Buchs zu denken.

Der Mangel als Maßnahme Gottes zur Kurskorrektur? Die
Wirtschaftskrise als Mittel Gottes, den Menschen zum
Umdenken zu bewegen? Die neue Armut – auch hier in
unserer Gesellschaft, hier unmittelbar vor der Tür der Marienkirche – als dramatischer Appell an unsere Menschlich-
keit und Verantwortung?

Wer damit rechnet, dass Gott handelt, dass Gott in kollek-
tiver wie in individueller Lebensgeschichte wirksam ist, der
wird diese Fragen, so unbequem sie sind, nicht vorschnell
verwerfen.

Doch worauf verweist Hiobs Verlust? Weshalb bedarf der
moralisch und religiös Integre der Kurskorrektur? Wozu
muss Hiob, der die richtige Einstellung zum Geld hatte,
der verantwortungsvoll und sozial mit seinem Besitz um-
ging, der weder das Geld noch die Sterne oder den Sex zu
seinem Gott werden ließ, alles verlieren? Wozu muss der
Aufrechte erniedrigt werden? Welchen Sinn hat Hiobs
Schrei?

Hiob kennt die Gebote. In seinem Unschuldsbekenntnis
schreitet er – mit einer kleinen Ausnahme – praktisch alle
Felder der Zehn Gebote ab. Er weiß ebenso um die enge
Beziehung zwischen Geld und Ethos, zwischen wirtschaftli-
chem Erfolg und daraus fließender sozialer Verantwortung,
zwischen Besitz und Glaube. Die Ausbeutung der Armen,
ein Konsumverhalten, das gottesdienstlichen Charakter an-
nimmt, die Sakralisierung der Kaufhäuser und eine schran-
kenlose Ökonomisierung aller Lebensbereiche – auch der
Universität – für all das gilt mit Hiob:

Das wäre auch eine Missetat, die vor die Richter gehört;
denn damit hätte ich verleugnet Gott in der Höhe. (Hi 31,28)
Das Hiobbuch hält hier – wie die Sozialkritik der prophetischen Bücher des Alten Testaments oder die Weheworte Jesu über die Reichen – das Bewusstsein wach für gesellschaftliche Verantwortung und für ein Rechnen mit einem
Gericht Gottes. Vielleicht – ich formuliere es nur als Frage
–, vielleicht haben wir uns auch in der Kirche zu leichtfer-

tig von dem Gedanken an einen Tag der Abrechnung, von einem Zahltag Gottes verabschiedet.

Hiob kennt die Gebote und hat sie bewahrt – in Zeiten des wirtschaftlichen Erfolgs und in Zeiten der Not, als von Gott Gesegneter und als von Gott Verfolgter. Hiob weiß, dass Geld nicht glücklich macht und kein Geld ebenso wenig. Hiob geht mit diesem Wissen einen Schritt hinaus über den Reichen, der so schwer ins Himmelreich kommt (Mt 19,23), und zeigt zugleich, dass auch der Arme in seiner Armut – so bitter diese ist – hier keinen prinzipiellen Vorteil hat.

Was muss also der, der seine Integrität, ja seine Identität von Gott selbst in Frage gestellt erlebt, lernen? Was muss der einsehen, dem jenseits der Frage nach Geld und Glück die Integrität und die Identität Gottes zerbrechen?

Die Antwort – oder besser der Versuch einer Antwort – auf diese Fragen führt zum „Mehrwert" des Hiobbuches. Sie führt über die theologische Neutralisierung und Relativierung des Geldes, und über die Einforderung eines verantwortlichen und sozial gerechten Umgangs – so wesentlich diese Dinge sind – hinaus. Die Antwort lautet: Hiob, dessen Integrität sich an seiner ausschließlichen Bindung an Gott zeigt, dessen Schicksal die Flüchtigkeit und die Unverfügbarkeit des Besitzes lehrt, lernt, dass die Gleichung „Gott ist Licht" oder „Gott ist Zuversicht" so nicht stimmt – Gott ist auch Finsternis oder Verzweiflung (Hi 23,16f.; 30,26). Anders gesagt: Hiob lernt Gott. Diese Erkenntnis ergibt sich noch nicht aus unserem Predigttext, wohl aber aus Hiobs letzten Worten in Hi 42,5:

Ich hatte von dir, Gott, nur vom Hörensagen vernommen;
aber nun hat mein Auge dich gesehen.

Die Schau Gottes als Ziel des Lebens Hiobs, und zwar *vor* der abschließenden Wende seiner Not. Hiob gibt Gott nicht auf – weder mit noch ohne Geld – sondern entdeckt Gott als Aufgabe seines Lebens. Hiob lernt Gott; in Gott gründet und ruht sein Glück. Gott ist sein Glück, jenseits von Besitz und Verlust, von moralischer und religiöser Integrität, und das auch wenn Gott fremd geworden ist. So lässt der Glaube, das grundlose Festhalten an Gott, Gott selbst sehen, und so bringt der Glaube Gott ins Leben. Dafür steht Hiob: Er ist ein Zeichen dafür, über das Geld nicht den Glauben an Gott, über den Missbrauch des Geldes nicht den Nächsten und über die Fremdheit Gottes nicht Gott selbst zu verlieren. Denn nichts wäre schlimmer für den Menschen, als Gott und damit sich selbst, seine Lebensmitte und sein Lebensziel zu verlieren. Damit es dazu nicht kommt – sei es in wirtschaftlich guten, sei es in wirtschaftlich schlechten Zeiten – erscheint Gott selbst in dieser Welt. Geld macht nicht glücklich, kein Geld auch nicht – es ist das Sehen Gottes, das Glück schenkt, dauerhaftes Glück. Deshalb warten wir darauf, Gott selbst zu sehen, und feiern Advent.

„Und der Friede Gottes, der höher ist als alle Vernunft, der bewahre Eure Herzen und Sinne in Christus Jesus. Amen.“

Von der Würde Gottes und der Ehre des Menschen[47]

Psalm 8

„Die Gnade unseres Herrn Jesus Christus und die Liebe Gottes und die Gemeinschaft des heiligen Geistes sei mit euch allen."

Das Fräulein stand am Meere
Und seufzte lang und bang,
Es rührte sie so sehre
Der Sonnenuntergang.

Mein Fräulein, sei'n Sie munter,
Das ist ein altes Stück;
Hier vorne geht sie unter
Und kehrt von hinten zurück.

Liebe Gemeinde,
das eben vorgetragene Gedicht von Heinrich Heine hat keinen Titel.[48] Manche nennen es einfach „Der Sonnenuntergang". Es könnte aber auch heißen: „Die zerbrochene Beziehung" oder „Die entzauberte Welt".
Mitten in den Moment des Ergriffenseins vom Schauspiel der Natur, mitten in den Augenblick, da die Sonne blutrot im Meer versinkt und die Zeit für die Betrachterin stillzustehen scheint, da gellt der Ruf hinein „Das ist ein altes Stück". Der Hinweis auf die Alltäglichkeit des Geschehens reißt heraus aus der Welt des Zaubers. Ein plötzliches Schulterklopfen schreckt auf. Die unbestimmte Ahnung, dass hinter dem gerade Beobachteten mehr steht als das immer Gleiche, sie entschwindet.

---

[47] Gehalten am 21.4.2002 im Hochschul–Gemeindegottesdienst in der evangelischen Petruskirche Gießen.
[48] H. Heine, Neue Gedichte (1831), in: Sämtliche Werke in sieben Bänden, Bd. 1, Augsburg o.J., S. 235.

Der Satz „Das ist doch nichts Besonderes" zerstört mein Empfinden. Eben noch sah ich mich umspült von den Wellen des Meeres, lauschte auf das Anbranden der Wogen, fand mich eingeordnet in eine kosmische Ordnung – ich als kleiner Mensch im Angesicht des versinkenden Feuerballs, ich unter dem sich violett färbenden Himmel, umgeben von wunderbaren Sphärenklängen. Ich sah mich eingewoben in eine Welt der Farben und der Töne, in eine Welt, die mehr ist als ich selbst, die größer ist als ich und zu der ich doch untrennbar dazu gehöre; eingenäht in eine Welt, die über sich hinaus weist auf einen anderen, von dem ich irgendwie spüre, dass es ihn gibt – doch nun ist mir der Faden zerrissen. Gleichgültigkeit und Alltäglichkeit haben mir die Beziehung zur Welt *und* zu Gott gestört.

„Der Sonnenuntergang", ein Gedicht von einer zerbrochenen Beziehung, ein Gedicht vom beziehungslos gewordenen Menschen – ein Lied über unsere Zeit?

Wir hören ein zweites Gedicht, ein Gedicht aus anderer Zeit, aus einer anderen Sprache und aus einer anderen Lebenswelt. Ich lese als Predigttext für den heutigen Sonntag Psalm 8 in der Übertragung von Martin Luther:

2 HERR, unser Herrscher, wie herrlich ist dein Name in allen Landen, der du zeigst deine Hoheit am Himmel!

3 Aus dem Munde der jungen Kinder und Säuglinge hast du eine Macht zugerichtet um deiner Feinde willen, dass du vertilgest den Feind und den Rachgierigen.

4 Wenn ich sehe die Himmel, deiner Finger Werk, den Mond und die Sterne, die du bereitet hast:

5 Was ist der Mensch, dass du seiner gedenkst, und des Menschen Kind, dass du dich seiner annimmst?

6 Du hast ihn wenig niedriger gemacht als Gott, mit Ehre und Herrlichkeit hast du ihn gekrönt.

7 Du hast ihn zum Herrn gemacht über deiner Hände Werk, alles hast du unter seine Füße getan:

8 Schafe und Rinder allzumal, dazu auch die wilden Tiere,

9 die Vögel unter dem Himmel und die Fische im Meer und alles, was die Meere durchzieht.

10 HERR, unser Herrscher, wie herrlich ist dein Name in allen Landen!

Ps 8, das ist ein Lied von einer gestifteten Beziehung, ein Gedicht von einer hergestellten Relation zwischen Gott und Mensch, Gott und Welt. Es ist ein *theologisches Lied*, denn es redet von Gott. Indem es aber von Gott redet, spricht es zugleich vom Menschen. Über seine Rede von Gott findet der Dichter zum Menschen und über diesen wieder zurück zu Gott.

Der Psalmist redet aber nicht nur *von* Gott, sondern vor allem *zu* Gott. Seine Theologie beginnt mit Doxologie. Das Vorwort seines Wortes über Gott ist das Gotteslob, das Gebet. Vor der Rede über Gott steht die Rede zu Gott. Die Redaktoren, denen wir das heutige Psalmenbuch verdanken, haben unserem Psalm bewusst zwei Psalmen an die Seite gestellt, die mit einem Gotteslob beginnen bzw. einem solchen schließen: „Ich danke dem HERRN um seiner Gerechtigkeit willen und will loben den Namen des HERRN, des Allerhöchsten", so endet der unmittelbar vorangehende Ps 7 (V. 18), und mit den Worten „Ich danke dem HERRN von ganzem Herzen und erzähle alle deine Wunder. Ich freue mich und bin fröhlich in dir und lobe deinen Namen, du Allerhöchster", hebt der direkt anschließende Ps 9 (V. 2–3) an. Das Gotteslob bildet einen Rahmen um die Rede von Gott und dem Menschen. Gotteserkenntnis beginnt mit einem Gottesbekenntnis. Gott erkennen und Gott bekennen – beides steht in einem engen Zusammenhang und bedingt sich gegenseitig: Gotteserkenntnis findet ihr Ziel im Bekenntnis zu Gott und das Bekenntnis zu Gott setzt eine vertiefte Erkenntnis von Gott frei. Auf dem Fundament seines Bekenntnisses zu Gott, dessen Existenz für den Psalmdichter – wie für jeden Menschen der Antike – vorausgesetzt ist und dessen Leugnung für ihn ein Zeichen mangelnden Nachdenkens und voreiliger Wirklichkeitsdeutung wäre, auf dem Grund des Gotteslobes erhebt sich die Beschreibung des angebeteten Gottes und des von diesem erwählten Menschen.

HERR, unser Herrscher, wie herrlich ist dein Name in allen Landen – was für unsere Ohren aufgrund des dreifachen „Herr" wie eine patriarchale Worthülse klingen mag, ist nach dem hebräischen Urtext eine Beschreibung von Gottes Wesens und seiner Beziehung zum einzelnen Menschen wie zur ganzen Welt.

Hinter dem Anruf „HERR" verbirgt sich der von frommen Juden nicht ausgesprochene Gottesname „Jahwe". „Jahwe", das heißt: „der, der es wehen lässt". Es ist ein Anruf an *die* Größe, die die Welt in Atem hält, die die Fülle des Kosmos durchweht, sie ebenso zerstörend durcheinander wirbeln wie belebend behauchen kann. „Du, der du die Welt in Atem hältst." – so könnte der Psalm auch einsetzen. „Wie herrlich ist dein Name". Der Name steht für die Person. „Wie herrlich bist *du*." Brausende Meereswogen oder mächtige Baumwipfel, in denen sich Vögel schützend bergen können, auch sie können im Alten Testament als herrlich bezeichnet werden (Ez 17,23; Ps 93,4). „Du bist für uns wie das brausende Meer, Gott, du bist für uns wie ein schützender Baum, Gott". Der Name Gottes ist Programm: er steht ebenso für Beständigkeit wie für Wirksamkeit. Das ist der Kern der Theologie des Dichters von Ps 8: Gott wirkt, und das in einer von ihm gestifteten Beziehung zum Menschen und zur Welt.

Der Mensch, so wie ihn der Psalmist versteht, erscheint in einer merkwürdigen Ambivalenz. Angesichts der Beständigkeit des Himmels wird der Mensch sich seiner Hinfälligkeit bewußt. In der scheinbaren Unvergänglichkeit des Alls spiegelt sich seine Sterblichkeit. Der erste Satz des Psalms zu dem, was der Mensch ist, entzündet sich nicht an dessen starken Seiten. Es ist nicht der schöne, der jugendliche oder der kluge Mensch, der den Psalmdichter ins Nachdenken bringt. Nicht der bewusste Ruf „Ich bin so schön, ich bin so toll" bildet den Ausgangspunkt seiner Meditation, sondern eine aus der Klage über die Vergänglichkeit stammende Frage. Schon die vom Dichter für den Menschen gebrauchten Begriffe reflektieren diesen Aspekt der Schwäche: „Was ist der *Sterbliche*, dass du, Gott, seiner gedenkst, was ist das *Menschenkind* – eigentlich der Adamssohn –, dass du, Gott, dich seiner annimmst?" Der Mensch, das ist zunächst das Wesen, das sterben muss, das mitten im Leben, auch im gesegneten, im gesunden und wirtschaftlich abgesicherten, vom Tod gezeichnet ist. Der Mensch, das ist hier zuerst das Wesen, das wie der Adam, von dem die biblische Paradiesmythe beispielhaft und gleichnisartig erzählt, immer wieder die Erfahrung macht, an Grenzen zu kommen, Beziehungen zu zerstören, Geliebtes zu verlieren (Gen 2–3).

Demgegenüber steht der zweite Satz des Psalmisten zum Menschen: Der Mensch, das ist das Wesen, das über alle Räume dieser Erde herrscht, unter dessen Tritten die Erde erzittert und unter dessen Lärm die Kreatur leidet. Der Mensch, so wie ihn der Psalmdichter in seinem zweiten Anlauf beschreibt, ist ein Herrscher, ein König, ja fast ein Gott, Gottes Ebenbild, engelgleich – wie wir vorhin in der Lesung aus dem Buch Genesis (1,24–26) hörten.

Auf der einen Seite zerbrechlich, wie feines Porzellan, auf der anderen Seite in der Lage, wilde Tiere zu zähmen, Meere zu befahren, Berge zu versetzen: so sieht der Psalm den Menschen. Ein Blick in den Brutkasten eines Frühchens auf der einen Seite – ein Blick in das Cockpit des Ferienfliegers auf der anderen Seite, Blicke, die auch in unserer Zeit belegen, wie recht der Psalm hier hat: der Mensch, und zwar jeder Mensch, trägt an sich Merkmale des Todes und des Lebens. Wer den Blick für die Realität nicht völlig verloren hat, sei es durch übermäßiges Glück, sei es durch übermäßiges Leid – beides kann den Blick für die Realität trüben – wer diesen Blick (noch) nicht verloren hat, wird an sich immer wieder entdecken, dass er zugleich ein kleiner König ist und ein – so Luther – stinkender Madensack. Die Erfahrung „Ich kann alles, mir liegt die Welt zu Füßen" und das Gefühl „Mir gelingt nichts, ich bin ein Versager": Beides gehört zusammen und kennzeichnet das menschliche Leben.

Charakteristisch ist nun, wie der Psalmist diese beiden Grunderfahrungen miteinander verknüpft und worin er ihr gemeinsames Zentrum sieht. „Was ist der Mensch, dass *du* seiner gedenkst, und das Menschenkind, das *du* dich seiner annimmst. *Du* hast ihn wenig niedriger gemacht als Gott, mit Ehre und Herrlichkeit hast *du* ihn gekrönt. *Du* hast ihn zum Herrn gemacht über deiner Hände Werk, alles hast *du* unter seine Füße getan." Vor dem Ich des Menschen steht das Du Gottes. Macht und Ohnmacht des Menschen sind unlösbar miteinander verflochten. Doch in Gott finden sie ihren Knoten. Der Mensch ist sterblich, aber nicht allein. Menschliche Existenz ist stets bedroht – jede Naturkatastrophe wie jeder Terroranschlag verdeutlichen auch dem modernen Menschen, dass es keine umfassende Lebensversicherung gibt – menschliche Existenz ist stets gefährdet, aber nie vergessen.

Dies steht für den Psalmisten fest: Gott denkt an den Menschen, d.h. der Mensch steht mit seiner Geschichte, mit seinem ganz persönlichen Lebensgeschick nicht allein, Gott nimmt sich des Menschen an, genauer übersetzt: Gott sucht den Menschen heim. „Gedenken" und „heimsuchen" beschreiben in der Sprache des Alten Testaments zumeist Gottes heilsames Eingreifen. Gottes Gedenken bedeutet „Lebenswende" (vgl. Gen 8,1). Gottes Heimsuchung heißt „Lebensermöglichung" (vgl. Ex 4,31). Menschliches Leben, betrachtet vor dem Hintergrund, dass Gott dahinter steht, verliert alles Zufällige und Beliebige. Menschliches Leben, eingeordnet in ein Beziehungsgeflecht von Gott und Mitmensch und Welt, erscheint als eine Gabe, als ein unbedingt zu schützendes Gut in jeder Phase seiner Entwicklung, sei es als befruchtete Eizelle oder als dahinwelkender Mensch. Das von unserem Psalm gelehrte Verständnis von Leben als Gabe verbietet jede Spielerei mit Leben, im Reagenzglas ebenso wie auf dem Sterbebett.

Wie der Psalmist die Grundlage menschlicher Existenz aus seiner Relation zu Gott versteht, so bestimmt er die Gestaltung menschlicher Existenz aus ebendieser Beziehung. Aus der Gabe des Lebens durch Gott erwächst die Aufgabe der Gestaltung von Leben vor Gott. Eingesetzt zum Herrscher, ausgestattet mit den Insignien eines altorientalischen Großkönigs, so beschreibt der Psalmdichter den zur Gestaltung seiner Umwelt aufgerufenen Menschen. Zwei Aspekte sind an dieser Bildwahl des Dichters bedeutsam:

Ein erster Aspekt berührt den Umgang des Menschen mit der *Macht.* So gründet die Macht des Menschen nicht in ihm selbst, sondern ist verliehen. Die Ermächtigung des Menschen zur Gestaltung seines Lebens wie seiner Lebenswelt findet ihre Grenze und ihr beständiges Korrektiv an der Macht Gottes, menschliche Macht ist stets begrenzte und zu verantwortende Macht, sie ist relative Macht. Ihr Kriterium ist der Umgang Gottes selbst mit Macht. Das Alte Testament durchzieht die Relativierung menschlicher Macht, die Zuwendung Gottes zu den Machtlosen und der Verzicht Gottes auf eigene Macht. *Aus dem Munde der jungen Kinder und Säuglinge hast du eine Macht zugerichtet um deiner Feinde willen, dass du vertilgest den Feind und den Rachgierigen,* heißt es in V. 2 unseres Psalms. Unabhängig von der Frage, ob der hebräische Text hier unversehrt erhalten ist und ob Luther zutreffend übersetzt hat – vergleichen Sie einmal verschiedene Übersetzungen dieses schwierigen Verses –, trifft der Psalmist den Kern einer Altes und Neues Testament verbindenden Gottesaussage: Gottes Kraft ist in den Schwachen mächtig. Vom Leiden des Gottesknechtes (Jes 52,13–53,12) führt eine Linie über den am Kreuz Ps 22 betenden Jesus hin zum Bekenntnis des Paulus vor den Korinthern: „Dreimal habe ich zum Herrn gefleht [...] und er hat zu mir gesagt: Lass dir an meiner Gnade genügen; denn meine Kraft ist in den Schwachen mächtig." (2Kor 12,9). So hält der Psalm die Frage wach, was der Mensch, was wir mit Macht machen. Wendet der Mensch sich wie Gott selbst den Machtlosen zu und verzichtet auf eigene Macht? Will ich mein Recht mit aller Macht durchsetzen oder reihe ich mich ein in die Reihe der Ohnmächtigen? Bezeichnenderweise wird von Jesus gerade den Ohnmächtigen die Teilhabe am Reich Gottes, die Erfahrung intensiver Gottesgemeinschaft verheißen (vgl. Mt 19,14).

Ein zweiter Aspekt betrifft die *Würde* des Menschen. In der Macht des Menschen realisiert sich Gottes Macht. Die dem Menschen zugewiesene Herrlichkeit und Ehre, mit anderen Worten seine Würde, ist Gottes Würde. Herrlichkeit und Ehre sind zugleich Gottesprädikate. In der Ehre des Men-

schen spiegelt sich die Ehre Gottes. Wer die Würde eines
Menschen mit Füßen tritt, schlägt Gott selbst ins Gesicht.
Wer einem Menschen, gleichgültig wie alt oder wie jung,
wie gesund oder wie krank, wie produktiv oder wie unpro-
duktiv er ist, sein Menschsein abspricht, spricht Gott das
Gottsein ab. Wo versucht wird, die Würde, oder, um dem
hebräischen Wortlaut noch dichter zu folgen, die Schwere,
die Gewichtigkeit eines Menschen zu klassifizieren, wo
darüber gestritten wird, wann einem Embryo Menschenwürde zu– und einem Sterbenden Menschenwürde abzu-
sprechen sei, da ist das Realität geworden, was Friedrich
Nietzsche (1883) in prophetischer Weitsicht seinen Zarathustra ausrufen ließ: „Gott ist tot!"[49] Wo Gott tot ist, da
ist auch der Mensch tot.

Die Auflösung der Relation des Menschen zu Gott, um die
der Psalmist weiß, gebiert nicht den Übermenschen, sondern bewirkt die Isolation des Menschen. Die Negation des
Schöpfers und die Negation der Welt als Schöpfung hinterlassen ein einsames Geschöpf. Doch aller Einsamkeit setzt
der Psalm ein kräftiges Nein gegenüber. Im Zusammenspiel mit Psalm 103, der ähnlich wie unser Psalm von der
Krönung des Menschen durch Gott spricht, erhält der
Mensch in der Welt der Psalmen ein stattliches Gewand
aus Gottes Herrlichkeit und Ehre, aus Gottes Treue und
Erbarmen (vgl. Ps 8,6; 103,4). Mit einer solchen Hülle aus
Gottes Herrlichkeit und Ehre, aus Gottes Treue und Erbarmen ausgestattet, sieht Psalm 8 den Menschen in die
Welt gesandt.

Ps 8 ist ein Lied von einer gestifteten Beziehung, der Bezie-
hung zwischen Gott, Welt und Mensch; ein Lied, das dem
Menschen sagt „du bist nicht allein in der Weite des Kos-
mos, du bist begabt und geborgen in dieser Welt." Ein
Lied, das Ehrfurcht vor dem Leben weckt, dem eigenen,
dem fremden, dem ungeborenen und dem verfallenden; ein
Lied, das aufruft zur Annahme der eigenen Endlichkeit und
Fehlbarkeit, aber auch zur Übernahme von Verantwortung.

---

[49] F. Nietzsche, Also sprach Zarathustra, I, Vorrede 2, in: Werke
in vier Bänden, Bd. 1, Erlangen, o.J., S.293.

Gestaltung von Leben, begleitet von der dreifachen Frage, was würde Gott dazu sagen, was würden Generationen vor mir und was Generationen nach mir dazu sagen, dazu will der Psalm ermutigen. Der Mensch kann und soll Schöpfer in dieser Welt sein, solange er darum weiß, dass er selbst endlich, sein Wissen anfällig für den Irrtum und seine Erkenntnis immer nur punktuell ist. Als Schöpfer und als Geschöpf repräsentiert er Gott in dieser Welt. Dabei ist ihm die Aufgabe gestellt, die Welt stets mit Gottes Augen anzusehen. Denn ein solches Sehen ermöglicht ein Leben zur Ehre des Menschen und zur Würde Gottes. Wer den Himmel als Werk der Finger Gottes beschreiben kann, der wird auch im menschlichen Zytoplasma nicht nur Biomasse sehen und der wird dem Sterbenden, der nach Begleitung anstatt nach dem schnellen Tod ruft, seine Hand nicht entziehen. Die Welt mit Gottes Augen sehen, das öffnet die Augen für sich selbst, für die Welt und für Gott.

„Und der Friede Gottes, der höher ist als alle Vernunft, bewahre eure Herzen und Sinne in Christus Jesus."

Paradise to go[50]

Sprüche Salomos 3,13–18

„Gnade sei mit Euch und Friede von Gott unserem Vater und dem Herrn Jesus Christus."

Liebe Gemeinde,
„Ich will nicht ins Paradies, wenn der Weg dorthin so schwierig ist!" Hat Andreas Frege alias Campino, der Frontsänger der Toten Hosen, nicht recht? Irgendwie würden wir doch alle gerne ins Paradies – aber der Weg dorthin ist steinig und schwer. Campino weiß, wovon er singt. Er kennt die Bibel – heißt es doch am Ende der so genannten Paradieserzählung in Gen 3:

23 Da wies Gott der HERR den Menschen aus dem Garten Eden, dass er die Erde bebaute, von der er genommen war. 24 Und er trieb den Menschen hinaus und ließ lagern vor dem Garten Eden die Cherubim mit dem flammenden, blitzenden Schwert, zu bewachen den Weg zu dem Baum des Lebens. (Gen 3,23 –24)

Hier steht es schwarz auf weiß: Der Mensch, mit anderen Worten wir selbst, sind rausgeflogen aus dem Garten Eden – der Weg zum Baum des Lebens ist versperrt, wir sind jenseits von Eden, herausgefallen aus der unmittelbaren Gemeinschaft mit Gott, weggeflucht von der Nähe zu Gott, angekommen in einer Welt, in der das tägliche Brot verdient werden muss, in dem das Verhältnis der Geschlechter gestört und die Beziehung zur Natur getrübt ist, in einer Welt, in der sich Brüder töten und Geschwister verfolgen – wir sind jenseits von Eden, fern vom Wonneland, so wie Kain im Lande Nod, im Land der ständigen Unruhe, des

---

[50] Gehalten am Sonntag Kantate, 28.4.2013, im Universitätsgottesdienst in der evangelischen St. Marienkirche Berlin – Mitte.

Gehetztseins, wie ein Vogel, der aus dem Nest gefallen ist.
Der Weg zurück nach Eden ist schwierig – so schwierig,
dass wir ihn nicht versuchen sollten, so schwierig, dass wir
lieber hier bleiben, im Lande Kains, fern von der Nähe
Gottes?
Unser Predigttext sieht das ganz anders. Ich lese aus dem
Buch der Sprüche Salomos Kapitel 3 die Verse 13–18, und
Sie können den Text gerne auf Ihrem Gottesdienstblatt in
der Übersetzung Martin Luthers mitlesen:

13 Wohl dem Menschen, der Weisheit erlangt,
und dem Menschen, der Einsicht gewinnt!
14 Denn es ist besser, sie zu erwerben, als Silber,
und ihr Ertrag ist besser als Gold.
15 Sie ist edler als Perlen,
und alles, was du wünschen magst, ist ihr nicht zu vergleichen.
16 Langes Leben ist in ihrer rechten Hand,
in ihrer Linken ist Reichtum und Ehre.
17 Ihre Wege sind liebliche Wege,
und alle ihre Steige sind Frieden.
18 Sie ist ein Baum des Lebens allen, die sie ergreifen,
und glücklich sind, die sie festhalten.

Das ist ein Paradiestext! Vermutlich kannte sein unbekannter Verfasser die Paradieserzählung in Gen 2–3 – wie Campino. Zahlreiche wörtliche Anspielungen auf Gen 3 zeigen,
dass Sprüche 3 eine Auslegung der Paradieserzählung ist,
im hebräischen Text wird das noch deutlicher als in der
Übersetzung.
Doch der jüdische Weise, der hier spricht, legt seine Bibel
anders aus als Campino. Nicht: „Ich will nicht ins Paradies,
weil der Weg dahin so schwierig ist!", kein trotzig–
resignatives „dann bleibe ich eben hier", sondern ein „herzlicher Glückwunsch – du bist der Gewinner." Was Luther
mit dem für unsere Ohren so altertümlichen „Wohl" übersetzt, das ist ein herzlicher Glückwunsch. So preist der
anonyme Weise, der sich hier in das Gewand des legendären Königs Salomo hüllt, den Menschen glücklich, der
Weisheit gefunden hat und der in der Lage ist, Einsicht zu

erlangen – der Weisheit gefunden *hat* und der in der Lage *ist*, Einsicht zu erlangen. Der hebräische Wortlaut ist hier umfassender als es die Übersetzung zu erkennen gibt: er konstatiert und prognostiziert. Der Glückwunsch gilt dem, der schon fündig geworden ist, und dem, der bereit ist, sich auf die Suche zu machen – auf die Suche nach dem Paradies!

Dass es hier tatsächlich um das Paradies geht, erschließt sich, wie so oft in althebräischen Texten, vom Ende des kleinen Gedichts. Die Weisheit ist ein *Baum des Lebens* – ein Baum des Lebens, das ist nichts anderes als das über den gesamten Alten Orient verbreitete Symbol für die heilsame Nähe Gottes, für die Anwesenheit Gottes als Stifter und Erhalter des Lebens. Bäume des Lebens, sie umgaben im Alten Orient, wie auch im alten Israel, die Tempel, sie markierten heilige Zonen, symbolisierten die Verbindung zwischen Himmel und Erde, ihre Zweige spendeten Schatten und ihre Früchte schenkten Anteil an der Welt der Götter.

Wer vom Baum des Lebens aß, der sah die Welt in anderem Licht, in einem Licht, das nicht das Sterben, sondern das Leben in den Mittelpunkt rückte, in einem Licht, das nicht die Unruhe, sondern die Ruhe, nicht den Krieg, sondern den Frieden erkennen ließ. Wer vom Baum des Lebens aß, der erlebte ein Stück Ewigkeit in der Zeit, ein Stück Himmel mitten auf der Erde, ein Stück Paradies in dieser Welt.

Für das kleine Gedicht auf die Weisheit in Spr 3 ist nun *der Weg zum Baum des Lebens* nicht versperrt – der unbekannte Weise, der für diese Zeilen verantwortlich ist, lässt die Cherubim, die mythische Erklärung für die Grenze zwischen unserer unerfüllten Sehnsucht nach einem Leben in Frieden und Gerechtigkeit und unseren alltäglichen Erfahrungen von Unfrieden und Ungerechtigkeit, hinter sich, ja Spr 3 wird zu einer Anleitung zur Überwindung dieser Grenze. Der Weisheitslehrer von Spr 3 zeigt hier eine Alternative zur Weisheitserzählung von Gen 3 auf. Das ist ein Stück *innerbiblische Schriftkritik*, ohne die es die Bibel gar nicht gäbe – kritische Auslegung der Bibel *in* der Bibel, davon

lebt die biblische Überlieferung, und davon lebt die Theologie, vom Lesen der alten Texte im Lichte neuer Erfahrungen, vom Leben mit diesen Texten angesichts des dau-
ernden Wandels des Lebens; und deshalb gehört auch
Campino mit seinem „Ich will nicht ins Paradies" in die
Geschichte der Auslegung und in die Auslegung selbst –
auch wenn man ihm aus der Perspektive von Spr 3 nicht
recht geben mag.

Weisheit ist ein Baum des Lebens – deshalb wird dem von
Herzen gratuliert, der sie gefunden hat und der sich auf
den Weg macht, sie zu finden. Mit anderen Worten: Die
Weisheit führt zum Paradies, sie ist, wie es im Motto dieses
Gottesdienstes heißt ein *„paradise to go"* – ein Paradies für
unterwegs, ein Paradies zum Mitnehmen. Weisheit, das
meint im Alten Testament, die Fähigkeit, sich in der Welt
zu orientieren, die Fähigkeit, all das, was wir erfahren, was
uns täglich umgibt und widerfährt, bewusst wahrzunehmen
– Weisheit und Einsicht haben im Verständnis des Alten
Testaments vor allem mit genauem Hinsehen, mit Unterscheiden können, mit Innehalten, mit Wahrnehmen zu
tun. Weise ist, wer mit offenen Augen, mit geschärften
Sinnen durch die Welt geht, wer sich die Zeit nimmt, über
die eigenen Erfahrungen nachzudenken und sie in Beziehung zu setzen zu sich selbst und seiner Umgebung.

Das Besondere der jüdischen Weisen, die hier in den Sprü-
chen zu Wort kommen, ist, dass sie eine solche Weisheit
jedem Menschen an jedem Ort zutrauen. Bewusst heißt es
hier: *Wohl dem Menschen, dem adám* – nicht dem Mann,
wie z.B. die Einheitsübersetzung übersetzt, glücklich ist der
Mensch – und zwar der ganz irdische, jeder und jede von
uns, nicht die besonderen Gottmenschen, wie sie auf dem
neuassyrischen Rollsiegel zu sehen sind, die den Lebens-
baum umgeben.[51] Mit anderen Worten: Die jüdischen
Weisen trauen jedem und jeder von uns zu, sich in dieser
Welt orientieren zu können, alltägliche Erfahrungen bewusst zu reflektieren, die Phänomene in der Kultur und in
der Natur wahrzunehmen, kurz: weise zu werden.

---

[51] Siehe Abbildung auf S. 86.

Das ist Arbeit: Weise zu werden, ist nicht leicht, hier hat Campino ganz Recht, aber es ist möglich. Deshalb animieren die Weisen auch zur Weisheit, indem sie ihren unvergleichlichen Wert und ihre Gaben beschreiben.

14 Denn es ist besser, sie zu erwerben, als Silber,
und ihr Ertrag ist besser als Gold.
15 Sie ist edler als Perlen,
und alles, was du wünschen magst, ist ihr nicht zu vergleichen.

Weisheit ist mehr als Geld – das meint ein doppeltes. Zum einen: Orientierung in der Welt ist nicht käuflich, sondern nur erlernbar. Geld macht nicht weise – eher im Gegenteil, wie man gegenwärtig an den sogenannten „Steuersündern" sehen kann. Zum anderen: Orientierung in der Welt ist nicht vom Kontoauszug abhängig, weise werden, das können theoretisch alle Menschen; die, die weniger haben, vielleicht sogar leichter, weil sie nicht wie Dagobert Duck nur auf die Wahrung und Vermehrung ihrer Dollars fixiert sind. Spr 3 ist, auch wenn seine Worte aus der Feder der jüdischen Eliten stammen, ein Beispiel für biblischen Egalitarismus. Natürlich nehmen die Weisen gesellschaftliche und ökonomische Ungleichheiten wahr, ähnlich wie die prophetischen Bücher des Alten Testaments rufen sie deutlich zu Barmherzigkeit mit den Armen, zu aktiver Unterstützung der Menschen, die nicht das Nötigste zum Leben haben, auf. Aber für die Weisen gilt, dass grundsätzlich jeder Mensch an jedem Ort die Anlage dazu hat, weise zu werden und damit ein Stück Paradies, ein Stück Ewigkeit in der Zeit, zu bekommen. Es müssen nicht die Zauberstrände der Bahamas sein: Weisheit lässt das Paradies vor Ort entdecken.

Das ist, wie gesagt, Arbeit: Arbeit am Paradies, das wissen die Weisen und deshalb verweisen sie auf *fünf* Gaben der Weisheit und beschreiben mit *fünf* verschiedenen Verben den Weg zur Weisheit. Ist das nicht unnötig, wo es doch um das Paradies geht? Offenbar nicht, denn dieses wird uns nun mal nicht geschenkt.

16 Langes Leben ist in ihrer rechten Hand,
in ihrer Linken ist Reichtum und Ehre.

17 Ihre Wege sind liebliche Wege,
und alle ihre Steige sind Frieden.
Langes Leben, Reichtum und Ehre, Freundlichkeit und
Frieden – das ist der Fünfklang der Weisheit, die hier fast
in den Farben der antiken Glücksgöttin erscheint. Das
klingt recht weltlich – und bis heute wird der alttestamentlichen Weisheit der Vorwurf gemacht, sie sei oberflächlich,
eudämonistisch und diesseitig. Ja, sie ist diesseitig – aber
genau darum geht es doch: Wir leben nun einmal in dieser
Welt, hier und jetzt müssen wir sehen, wie wir den Alltag
gestalten, wie wir durch die Welt stolpern, wie wir mit den
täglichen Erfahrungen von Glück und Unglück, von Gesundheit und Krankheit, von Freundschaft und Streit um-
gehen. Dietrich Bonhoeffer hat genau das in seinen letzten
Lebenstagen als die Stärke des Alten Testaments erkannt:
seine Diesseitigkeit[52] – wir müssen erst einmal lernen, dieses Leben zu leben – dazu gehört auch, im Hier und im
Jetzt einen Baum des Lebens, ein Stück vom Himmel zu
finden.
Entscheidend im Fünfklang der Gaben der Weisheit ist
auch hier jeweils das letzte Wort in den entsprechenden
Versen: So liegt die Betonung zunächst (V. 16) auf der *Eh-*
re, sodann – und dies stellt die eigentliche Klimax dar auf
dem *Frieden* (V. 17). *kavód* und *schalóm* – das sind die ma-
gischen Worte dieser beiden Verse: Würde, man könnte
auch sagen, Wertschätzung und umfassendes Heil – das
schenkt die Weisheit und das ist ein Stück Paradies. Wo
ich als Person Wertschätzung erfahre, wo sich bei mir das
Gefühl einstellt, mit mir selbst, meiner Familie, meinem
beruflichen Umfeld im Reinen zu sein, da habe ich ein
Stück Paradies gefunden.
Das alles ist kein bleibender Besitz: Die Welt mit Augen
der Weisheit anzusehen, das muss ständig eingeübt werden:
finden, erlangen, erwerben, ergreifen und festhalten – all das
fordert Aktivität. Der Weg ins Paradies ist schwierig – aber

---

[52] D. Bonhoeffer, Tegeler Gedanken (1943), in: R. Smend, Das Alte
Testament im Protestantismus (Grundtexte zur Kirchen- und Theolo-
giegeschichte 3), Neukirchen–Vluyn 1995, S. 254–256.

nicht unmöglich, wenn man den jüdischen Weisen von Spr 3 folgt: Genaues Hinsehen und Hinhören, auf das, was mich umgibt, schenkt Weisheit und damit einen Baum des Lebens.

Es sind nicht die Priester und der Kult, die hier den Weg ins Leben zeigen, es sind nicht die Propheten und die besondere Offenbarung, die zurück nach Eden führen, und es sind auch nicht die Gesetzeslehrer mit ihren Dogmen – hier sind es die Weisen, die darauf vertrauen, dass der Mensch durch seine Fähigkeit, die Phänomene in der Welt zu unterscheiden, zum *schalóm* findet.

Ist das übertriebener Optimismus? Ist das nicht angesichts der von Menschen verübten Grausamkeiten ein schweres anthropologisches Fehlurteil? Ist das nicht gottlose Selbsterlösung? Ich denke nicht – es ist vielmehr eine Ermutigung, auch jenseits von Eden ein Stück Eden zu finden und anderen ein Stück Eden zu schenken, nämlich durch die Erfahrung von Wertschätzung und Integrität, von Ruhe und Zufriedenheit, von Großzügigkeit und Gelassenheit, von Frieden, Freiheit und Freude, von Glück (immerhin das erste und das letzte Wort im Urtext unseres Weisheitsgedichts). Das ist eine Form von „paradise now".

Weisheit als ein Paradies für Eilige, ja – sofern sie bereit sind, die Welt mit offenen Augen wahrzunehmen. Genaues Sehen – das wollten der Urmensch und seine Frau im Garten Eden. Die Weisheit schenkt genau dieses. Es gibt sie, die Bäume des Lebens, auch in dieser Welt. Sie, die Weisheit, ist eine Schule des Sehens, eine Sehschule für ein Leben im Frieden – dass dieser nicht ohne Gemeinschaft mit Gott denkbar und erlebbar ist, versteht sich für die jüdischen Weisen von selbst, und braucht deshalb in diesem kleinen Gedicht, das so ganz ohne Wort für Gott auskommt, nicht eigens gesagt zu werden. Wem das zu wenig theologisch klingt, der lese die beiden Verse, die unser kleines Weisheitsgedicht in V. 12 und V. 19 umgeben. Und wer meint, Spr 3 sei schon der Weisheit letzter Schluss, der bedenke, dass die hier beschriebene Weisheit ein „paradise to go", ein Paradies für Menschen auf dem Weg, ist – nicht mehr, aber auch nicht weniger.

„Und der Friede Gottes, der höher ist als alle Vernunft, bewahre Eure Herzen und Sinne in Christus Jesus. Amen.“

Abbildung 1: Umzeichnung eines Details aus einem neuassyrischen Rollsiegel, aus: J. Black / A. Green / T. Rickards, Gods, Demons and Symbols of Ancient Mesopotamia. An Illustrated Dictionary, The British Museum Press, 1992 [repr. 2004], S. 131, nr. 1089.

Herzklopfen[53]

Hoheslied 8,6–7

„Gnade sei mit Euch und Friede von Gott unserem Vater und dem Herrn Jesus Christus."

Liebe Gemeinde,
in den letzten Wochen schmückte die Berliner S–Bahn–Höfe ein riesiges Plakat des Senats der Stadt mit der Aufschrift: „Berlin liebt". Als ich das Plakat das erste Mal sah, las ich „Berlin lebt" – und ich dachte: Wunderbar – ein Bekenntnis zum Leben, ein kräftiges Ja zum Leben einer Stadt, die finanziell am Abgrund steht, die in manchen Stadtteilen zu *no go areas* verkommt, in der trotz Baubooms und Touristenströmen immer mehr Menschen in Armut leben und vom Tod gezeichnet sind. „Berlin lebt" – beim zweiten Hinsehen, sah ich, dass ich mich verlesen hatte und wurde stutzig: „Berlin liebt" – natürlich liebt Berlin, leben in der Stadt doch rund vier Millionen Menschen, und Liebe gehört nun einmal zum Wesen des Menschen – es gibt keinen Menschen, der nicht liebt oder der nicht auf der Suche nach Liebe ist.
Auf die eigentliche Intention des Plakats, das für Toleranz gegenüber sexueller Vielfalt wirbt, möchte ich hier nicht eingehen – in meinen Augen hat das Plakat eher das Gegenteil dessen, was es beabsichtigte, bewirkt, indem es einzelne abgebildete Personen mit einer Aufschrift „schwul" versehen hat und so einer Stigmatisierung geradezu Vorschub leistet. Was mich bei einem näheren Betrachten und Nachdenken über das Plakat beeindruckte, war die Verbindung des Slogans „Berlin liebt" mit einer Gruppe von Menschen unterschiedlichen Alters, unterschiedlichen Geschlechts, unterschiedlicher Fähigkeiten und unterschiedli-

[53] Gehalten am 3. Sonntag nach Trinitatis, 10.7.2011 im Universitätsgottesdienst in der evangelischen St. Marienkirche zu Berlin – Mitte.

cher sozialer Rollen, die alle eins gemeinsam zu haben
scheinen: die tiefe Sehnsucht nach einer Liebe, die lebens-
lange Erfüllung schenkt, die Grenzen sozialer Herkunft
und körperlicher Beeinträchtigungen überwindet, die im
anderen Menschen den Spiegel der eigenen Person entdeckt – die Sehnsucht nach Liebe, die stärker ist als der
Tod.

Wir hören Worte aus dem Hohenlied, dem Lied der Lieder, das die jüdische Tradition und mit ihr die Alte Kirche
dem legendären König Salomo zugewiesen hat, auch wenn
es sich in Wirklichkeit um eine erst aus hellenistischer Zeit
stammende Sammlung von Liebesliedern handelt. Ich lese
den Text nach der Übersetzung Martin Luthers, die zwar in
V. 6b einer anderen hebräischen Textvorlage folgt, als sie in
den heutigen Standardausgaben der Hebräischen Bibel abgedruckt ist, und die in V. 7 freier ist, als ich es in einer
Übersetzung im alttestamentlichen Seminar erwarten würde, die aber das Ziel und den Sinn dieses kleinen Gedichts
besser als andere deutsche Übersetzungen trifft:

6 (aα) Lege mich wie ein Siegel auf dein Herz, wie ein Siegel
auf deinen Arm. (aβ) Denn Liebe ist stark wie der Tod und
Leidenschaft unwiderstehlich wie das Totenreich. (b) Ihre
Glut ist feurig und eine Flamme des HERRN, 7(a) so dass
auch viele Wasser die Liebe nicht auslöschen und Ströme sie
nicht ertränken können. (b) Wenn einer alles Gut in seinem
Hause um die Liebe geben wollte, so könnte das alles nicht ge-
nügen.

Vier Schritte möchte ich mit Ihnen, liebe Gemeinde, durch
dieses biblische Gedicht gehen und Sie bitten, dabei immer
ein Auge auf der Illustration „Das Hohelied 1" von Marc
Chagall zu haben.[54]

Ein erster Schritt: Die Bibel redet unverblümt von der Liebe
des Menschen.

Über viele Jahrhunderte wurde das Hohenlied als eine Allegorie auf die Liebe Gottes zu seinem Volk Israel verstan-

---

[54] Im Internet unter: http://www.gaebler.info/kunst/nizza/01.htm

den. Im Wechselgesang der beiden im Hohenlied zu Wort
kommenden Liebenden sah das antike und mittelalterliche
Judentum eine poetisch verschlüsselte Beschreibung des
Verhältnisses zwischen der Braut Israel und dem Bräutigam
Gott. Dabei konnte sich dieses Verständnis auf Beschrei-
bungen des Verhältnisses zwischen Israel und seinem Gott
als Ehe im Buch Hosea oder auf das Gott in den Mund gelegte, an Israel gerichtete Liebeslied in Jes 5 stützen. Und
auch die christliche Kirche verstand das Hohelied bis ins
18. Jahrhundert hinein als allegorische Beschreibung der
Liebe zwischen der Kirche und Christus, der Liebe zwischen der Seele des Einzelnen und Christus oder zwischen
Maria und Christus. Für Luther ergibt sich gerade aus unseren Versen, dass im Hohenlied von „geistlicher Liebe ...,
die Gott gibt" gesungen werde.[55]
Es war Johann Gottfried Herder, der Dichter und Philosoph, der Prediger und Literaturgeschichtler, der im Hohenlied eine Sammlung echt orientalischer Liebeslieder
entdeckte, die in blumiger Sprache und bunten Farben von
der Liebe zwischen Mann und Frau sprechen.[56] Goethe ließ
sich durch die Herder'sche Deutung zu seinem west–
östlichen Divan inspirieren, und wie sich in diesem der
Eros in hochpoetischer Sprache Bahn bricht, so ist es im
Hohenlied der Bibel der Fall.
Es ist ein Buch der dichterisch und mythisch verklärten
Liebe in einer paradiesisch geprägten Landschaft, ein Buch,
das nicht müde wird, der Freude am Leben und an der
Liebe in immer wieder neuen Gleichnissen Ausdruck zu
verleihen. Marc Chagall hat das wunderbar getroffen, wenn
er die Liebenden in einer Landschaft zeigt, die geprägt ist
von den Bäumen des Lebens. Die Bibel ist ein Buch des
Lebens, und so ist es nur konsequent, dass sich die Liebes-
gedichte des Hohenliedes in der Sammlung der heiligen

---

[55] D. Martin Luther. Die gantze Heilige Schrifft Deudsch. Wittenberg
1545. Letzte zu Luthers Lebzeiten erschienene Ausgabe, hg. v. H. Volz,
München 1972, Bd. 2, S. 1158.
[56] J.G. Herder, Lieder der Liebe. Die ältesten und schönsten aus dem
Morgenlande, Leipzig 1778 (zahlreiche Nachdrucke, z.B. als Insel Ta-
schenbuch, Frankfurt am Main 2000).

Schriften des Judentums und des Christentums finden:
Hier redet die Bibel unverblümt und ohne Scham, unver-
hüllt und alles andere als moralisch verklemmt von der
Liebe zwischen Mann und Frau.
Ein zweiter Schritt: Die Liebe ist eine Gabe.
„Liebe ist stark wie der Tod, die Leidenschaft unwiderstehlich wie das Totenreich." (Hld 8,6aβ). In diesem Satz
steckt eine Erfahrung, die jeder Liebende macht: Die Liebe
hat nicht nur Macht, sie ist eine Macht, sie überwältigt und
lässt nicht locker.
In dem biblischen Vergleich steckt aber noch mehr. Wie
der Tod allgemein ist, so ist es die Liebe auch. Wie keiner
sich vom Tod loskaufen kann, so kann sich keiner von der
Liebe suspendieren. Tod und Liebe sind unverfügbar, sie
sind ein Geschehen und ein Ereignis. Die Bilder, die hier
der unbekannte Dichter oder vielleicht auch eine Dichte-
rin, denn beim vorliegenden Lied hat man sich als Spreche-
rin eine Frau vorzustellen, stammen aus der Welt des altorientalischen Mythos. Hinter dem Tod und dem Totenreich, der Glut (im Hebräischen *réschef*), den Wassermassen
und den Strömen leuchten noch alte Mythen vom Kampf
der Göttin Anat und ihres Bruders und Geliebten Baal gegen die Götter Motu und Jammu auf. Und so schwingt in
dem kleinen Gedicht die Vorstellung mit, dass die Liebe,
im Alten Orient verkörpert durch die Göttin Anat oder Ischtar, deren Symboltier die Taube ist, die auch auf
Chagalls Bild begegnet, den Tod besiegt – Liebe ist nicht
nur stark wie der Tod, eine Macht gegen den Tod, sondern
sie ist sogar stärker als er. Liebe besiegt den Tod; denn wer
liebt, erlebt ein Stück Ewigkeit.
Anat und Ischtar, Motu und Jammu sind verschwunden –
die Liebe ist geblieben, und vor allem der eine Gott Israels,
der über Jesus Christus auch der eine Gott der Christen ist,
ist geblieben. Fast unscheinbar weist der Dichter in seinem
Lied auf ihn hin – manche Texttraditionen haben dies gar
nicht bemerkt. So steckt in dem nur hier in der Bibel vor-
kommenden Wort *schalhǽvæt-jah* in V. 6 eine Kombinati-
on aus dem Wort *schalhǽvæt* „Flamme" und dem Kürzel
Jah, es ist das *Jah*, das in dem bekannten „Hallelujah" be-

gegnet: Flamme Jahs, eine Flamme des Herrn, das ist die
Liebe.

Was die Bibel in der Erzählung vom Garten Eden mit den
Worten umschreibt, dass ein Mann seine Familie verlassen
wird, um an seiner Frau zu hängen, wörtlich an ihr zu kle-
ben, wie Schuppen an einem Fisch (Gen 2,24), ist hier auf
dem Höhepunkt des Vergleichs mit *einem* Wort ausgedrückt. Die Liebe ist eine Gabe Gottes; biochemisch mag
es sich um eine Ausschüttung von Hormonen handeln,
biblisch gedeutet ist sie ein Geschenk, ein Widerfahrnis –
ja, aber nicht sinnlos; chaotisch, weil für den oder die, bei
dem oder der der Blitz einschlägt, die bisherige Welt in
Unordnung gerät, aber nicht ziellos. Liebe, so wie sie das
Hohelied in bunten Farben malt, und wie sie die Bibel versteht, ist eine Gabe Gottes. So mag jedes Hallelujah auch
eine Aufforderung sein, zu lieben, und umgekehrt jede Liebe eine Aufforderung zu einem Gotteslob.

Ein dritter Schritt: Die Liebe ist eine Aufgabe.

„Lege mich wie ein Siegel auf dein Herz und wie ein Siegel
auf deinen Arm." (Hld 8,6aα). Wer liebt, spricht; Liebe
kann nicht schweigen, sie will sich mitteilen und richtet
sich an ein Gegenüber. „Lege *du* mich", Liebe führt zu einem Dialog, zu einem Wort an ein Du – keiner hat dieses
Geschehen treffender beschrieben als Martin Buber in seinem Buch „Ich und Du" – Liebe, aufrichtige Liebe, als
Dialog eines Ichs mit einem Du, von Angesicht zu Angesicht, ohne eine Schranke.

Die Möglichkeit zu diesem Dialog wird geschenkt; sie
wird, wie ich eben gesagt habe, von Gott geschenkt – geführt werden muss dieser Dialog von den Liebenden selbst.
Hier, in unserem Gedicht, ist es die Liebende, die das Wort
ergreift: Sie will Siegel, Zeichen der unbedingten und einmaligen Zugehörigkeit des Geliebten sein – wie das Siegel
im Alten Orient Identitätsausweis und Schutzzeichen zugleich darstellte, will sie, die Liebende, das Wesen des Geliebten prägen und sein Schutz sein, sie will ein Teil seines
Körpers sein – erneut führt uns das Bild des Gedichts zurück in die Erzählung vom Paradies (Gen 2,18–24): Gott
schuf Mann und Frau als einander entsprechende Wesen,

mit Sinn und Sprache begabt und für einander bestimmt, gemeinsam auf den Weg geschickt, wie ein Amulett *auf dem Herz*, das heißt auf dem Organ, mit dem nach biblischem Menschenbild der Mensch denkt und entscheidet, an dem Ort, der sein Ich ausmacht; wie ein Tattoo *auf dem Arm*, das heißt auf dem Körperteil, das nach der Körpersymbolik der Bibel für das Handeln des Menschen steht: kein Gedanke und keine Tat, kein Ort und keine Zeit soll ohne die Liebe sein. Wie das Siegel oder das Tattoo den Menschen das gesamte Leben begleitet, so soll die Liebe der zwei Geliebten nicht ein einmaliger Akt sein. Ein Dialog ist mehr als ein Wort. Liebe als Aufgabe, das ist ein Prozess, ein lebenslanger Weg, auf dem sich zwei Personen immer näherkommen.

Erich Kästners *Sachliche Romanze* „Als sie einander acht Jahre kannten (und man darf sagen: sie kannten sich gut), kam ihre Liebe plötzlich abhanden. Wie andern Leuten ein Stock oder Hut", mag angesichts enttäuschter Liebe, zerbrechender Ehen und einer Scheidungsrate von 50% in Deutschland vielleicht ein treffendes Abbild der Wirklichkeit sein. Kästners Zeilen treffen aber nicht, was das dialogische und prozesshafte Verständnis der Liebe in unserem Gedicht aus dem Hld meint. Hier passt schon eher Draffi Deutschers Zeile „Marmor, Stein und Eisen bricht, aber unsere Liebe nicht" (auch wenn Deutschers eigene Ehe mehrfach scheiterte).

Liebe wächst, sie braucht bei allem Feuer Zeit, damit sie nicht verglüht, sie kann und muss reifen, sie geschieht und muss doch gestaltet werden, und das als ein *personales* Geschehen – ein Unternehmen wie die *Love Parade* mit ihrer Tendenz der zur Verdinglichung und Entpersonalisierung, weil Anonymisierung, Kollektivierung und dröhnender Betäubung, läuft dem biblischen Verständnis von Liebe, bei der sich zwei Individuen zu einem Paar ergänzen, geradezu entgegen. „Parade der Liebe" – eine Ironie, die vor rund einem Jahr in der Katastrophe von Duisburg einen tragi-

schen Höhepunkt gefunden hat.[57] Aber gerade auch hier
kann die biblische Überzeugung, dass Liebe stärker ist als
der Tod, aus der Trauer herausführen – so wie sie im Moment des Abschieds von einem geliebten Menschen trägt
und die Trennung überdauert.

Ein letzter Schritt: Die Liebe ist ein Zeichen Gottes.
Liebe weist immer über sich selbst hinaus. Wenn die Liebe
eine Gabe Gottes ist, dann ist sie zugleich ein Zeichen seiner Anwesenheit, ein Hinweis darauf, dass Gott ein Gott
des Lebens ist, ein Zeichen dafür, dass wir in dieser Welt
nicht allein sind. Blicken wir für diesen Gedanken nochmals auf unseren Text: „Lege mich wie ein Siegel *auf dein
Herz*" – die Worte berühren sich ganz eng mit der Aufforderung Gottes, Israel möge die Gebote Gottes *auf sein Herz*
legen, mit den Worten, die unmittelbar im Anschluss an
die Aufforderung, Gott mit ganzem Herzen, mit ganzer
Seele und ganzer Kraft zu lieben, ergehen (Dtn 6,4–6; vgl.
Dtn 11,18). Das *Schema Israel* (Dtn 6,4f.) und das Hohelied, die Liebe zu Gott und die Liebe zum Menschen, sie
gehören unmittelbar zusammen. Chagall hat dies gespürt,
wenn in seinem Bild zum Hohenlied im glühenden Rot
auch der brennende Dornenbusch oder die göttliche Feuer-
säule aus der Wüste aufleuchten.

Ich möchte nicht zur alten allegorischen Deutung des Hohenliedes zurückkehren – das Hohelied ist eine Blütenlese
von Liedern auf die Liebe zwischen Mann und Frau, aber
als solche weist diese Dichtung über sich hinaus auf Gott,
der die Liebe schenkt. Es ist ein Spiegel für die Liebe Gottes, der, wie ihn nicht nur das Neue Testament beschreibt,
seiner von ihm geschaffenen Welt in Liebe nachgeht. Und
so sollte es nicht nur heißen: „Berlin liebt", sondern auch
„Gott liebt" – ein passendes Plakat dazu wäre Marc
Chagalls Illustration des Hohenliedes.

*„Und der Friede Gottes, der höher ist als alle Vernunft, der be-
wahre eure Herzen und Sinne in Christus Jesus. Amen."*

---

[57] Bei der Love Parade in Duisburg kamen am 24.7.2010 bei einem
Gedränge 21 Menschen ums Leben, über 500 wurden verletzt.

Sündenregister – Völlerei[58]

Kohelet (Prediger Salomo) 9,7–10

„Gnade sei mit Euch und Friede von Gott unserem Vater und dem Herrn Jesus Christus.“

Liebe Gemeinde,
Völlerei – das riecht und schmeckt nach maßlosem Fressen und Saufen, das klingt nach Eimer–Saufen und nach Brechreiz, nach Oktoberfest und nach Karneval am letzten Tag. Unwillkürlich fallen mir die zwei Spaßvögel Tommie und Mario aus dem Film Ballermann 6 ein, die auf Mallorca das Gelobte Land entdecken und für die es scheinbar nichts Schöneres gibt, als im größten Sangria–Fass der Welt zu baden und sich im Sauerkraut zu suhlen. Ich weiß nicht, ob Sie, liebe Gemeinde, diesen Streifen aus dem Jahr 2001 kennen – falls nicht, so kann ich ihn nur empfehlen, er ist viel tiefgründiger, als es bei der Erstbegegnung mit den auf Alkohol und Frauen geeichten Prolls aus Köln-Kalk erscheinen mag. Der Untertitel „Auf der Suche nach dem Sinn des Lebens“ ist durchaus passend. Ich werde darauf zurückkommen.
Irgendwie leben wir in einer all–inclusive–Gesellschaft. Mit buntem Fressbändchen am Arm nehmen wir mit, was geht – es ist ja schließlich bezahlt – grenzenlos und maßlos, solange der Vorrat reicht, es ist ja alles da; die Flatrate macht's möglich, grenzenloser Genuss, bis zum Überdruss, sei es am PC, am Handy oder in der Kneipe – die Flatrate ist in – Surfen, Bloggen, Schlucken, ohne Ende und immer musst du online sein, immer da, und immer stopfen wir uns voll, mit Daten, Fakten, Bildern, Pillen, bis der Kopf dröhnt, der Magen sich umdreht und wir kotzen – dann geht es wieder von vorne los, und auch gegen den Kater

---

[58] Gehalten am Sonntag Kantate, 6.5.2012, im Universitätsgottesdienst in der evangelischen St. Marienkirche Berlin – Mitte.

gibt es ja Tabletten. Völlerei, das ist nicht nur die fünfte
Tüte Chips am Abend oder das zehnte Bier – Völlerei, das
ist alles, was wir ohne Maß und Ziel, ohne Sinn und Verstand in uns hinein schütten, in unseren Bauch, in unser
Herz oder in unsere Seele. Völlerei, das ist alles, womit wir
bewusst unseren Körper und unsere Seele zerstören, durch
unmäßigen Konsum von Alkohol, durch Doping im Sport
und Beruf oder durch maßloses Arbeiten.
Für die christliche Tradition gehört die Völlerei zu den
Todsünden – und das mit gutem Grund. Auch wenn das
Wort „Todsünde" katholisch klingt, verstaubt, dogmatisch,
überholt, so trifft es eines doch sehr genau: Maßlosigkeit
zerstört Leben, das eigene und das anderer Menschen, denn
Maßlosigkeit ist egoistisch und asozial – sie führt nur allzu
oft in die Sucht und damit in den Teufelskreis von Selbst-
betrug und Lügen, von Zerrüttung und Beziehungslosig-
keit, von Einsamkeit und Hilflosigkeit.
Doch in der Kennzeichnung der Maßlosigkeit als Todsünde schwingt noch mehr mit: Als Sünde erscheint die Völlerei als ein bewusstes Handeln gegen Gott und gegen das eigene Gewissen, als Tat und Zustand, die von der Gemeinschaft mit Gott trennen – und dies so massiv, dass die Störung im Verhältnis zu Gott und sich selbst lebensbedroh-
lich, tödlich ist. Völlerei als Todsünde, das meint ein mit
Absicht und in vollem Wissen um die Folgen vollzogenes
Mästen des eigenen Körpers, eine intentionale Selbstent-
stellung, die den zum Bilde Gottes, zur Repräsentation
Gottes in der Welt geschaffenen Menschen zu einem Haufen Elend macht, der sich, weil der Ranzen spannt, nicht
mehr bewegen kann, der, weil der Kanal voll ist, nicht
mehr denken kann, der, weil die Seele überflutet ist, nicht
mehr lieben kann. Koma–Saufen zerstört nicht nur Zellen,
sondern Beziehungen, macht nicht nur dumm, sondern
auch fremd. Maßlosigkeit entfremdet – von uns selbst, von
unserem Nächsten, von Gott. Ursache all dessen ist die
Angst, ein tief in uns schlummerndes, bewusstes oder un-
bewusstes Gefühl, zu kurz zu kommen, etwas zu verpassen.
Wie nach dem vorhin gehörten Evangelium (Mt 6,25–34)
die Sorge Ausgangspunkt und Zeichen von Unglauben,

von mangelndem Vertrauen auf Gott, der es schon richten wird, ist, so ist es ist die Angst, die uns maßlos werden lässt. Weil dies alles, zumal die Angst, nicht dem Willen Gottes, so wie ihn die biblische Überlieferung beschreibt, entspricht, ist der Begriff der Sünde hier angemessen. Dabei kennt die Bibel auch eine andere Linie. Wir hören gewissermaßen einen Gegentext zur Maßlosigkeit – eine biblische Anleitung zur gottgewollten Genussfähigkeit. Ich lese aus der in nachbiblischer Zeit dem König Salomo zugeschriebenen Weisheitsschrift des Predigers Kapitel 9 die Verse 7–10, und zwar in der Übersetzung der revidierten Zürcher Bibel, die den schwierigen hebräischen Wortlaut des Urtextes in meinen Augen am besten wiedergibt:

7 Auf, iss dein Brot mit Freude, und trink deinen Wein mit frohem Herzen; denn längst schon hat Gott dieses Tun gebilligt. 8 Jederzeit seien deine Kleider weiß, und an Öl auf deinem Haupt soll es nicht fehlen. 9 Genieße das Leben mit einer Frau, die du liebst, all die Tage deines flüchtigen Lebens, die er dir gegeben hat unter der Sonne, all deine flüchtigen Tage. Das ist dein Teil im Leben, bei deiner Mühe und Arbeit unter der Sonne. 10 Was immer du zu tun vermagst, das tu. Denn weder Tun noch Planen, weder Wissen noch Weisheit gibt es im Totenreich, dahin du gehst.

So weit unser Predigttext.

Brot und Wein, neben Öl und Wasser die Grundnahrungsmittel im alten Israel, sollen mit Freude und mit frohem Herzen genossen werden. Man könnte auch sagen: Lebe bewusst – lebe bewusst, das meint mehr als „kaufe nur Bio–Produkte", lebe bewusst, das meint im biblischen Sinn: Gebrauche Brot und Wein als Lebensmittel, nicht als Lebensmitte – dies wäre ein Missbrauch. Wo das Lebensmittel zur Lebensmitte wird, da beginnt die Völlerei. Dabei ist zu beachten, dass der unbekannte Weise, der uns im Rahmen seines Werks nur unter dem Titel Kohelet begegnet, nicht zu Menschen spricht, die nicht das Nötigste zum Überleben haben. Seine Leser, vermutlich junge Männer der Jerusalemer Mittel- oder Oberschicht in der Mitte des

dritten Jahrhunderts v. Chr. sind nicht arm; wer unter
Hunger leidet, muss nicht vor der Völlerei gewarnt werden
– das wäre Zynismus. Was den Aufruf Kohelets für mich so
sympathisch macht, ist die Tatsache, dass er positiv formuliert ist: Genieße das, was dir gegeben ist – dabei erscheinen
die Freude und das frohe Herz, man könnte auch sagen,
das gute Gewissen als Kontrapunkt zum Rausch, aber auch
als Kontrapunkt zu einer falsch verstandenen Askese.

Weder Selbstzufriedenheit noch Selbstzerfleischung – beides Äußerungen von Maßlosigkeit – sondern einen Umgang mit den Dingen, der von dem Bewusstsein und der
Gelassenheit geprägt ist, dass alles seinen Sinn hat, das findet in den Augen Kohelets die Billigung Gottes. Vielleicht
steht hinter Koh 9,7 – wie in anderen Teilen dieses Buches
– der Schöpfungsbericht aus Gen 1: Die Erde und die von
ihr hervorgebrachten Gaben haben ihren guten Sinn, indem sie von Gott geschaffen und dem Menschen zur Verfügung gestellt sind. Indem ich die mir verfügbaren Gaben
mit Freude genieße, werde ich einem wesentlichen Ziel
meines Lebens gerecht und ehre Gott.

Kohelet lehrt hier nicht nur den maßvollen Umgang mit
den Lebensmitteln, sondern auch in ihnen Gaben Gottes
zu sehen, mithin die Unverfügbarkeit des Lebens anzuer-
kennen und Gott selbst als die Lebensmitte zu begreifen,
der als der Schöpfer das zum Leben Nötige gibt. Dementsprechend steht Völlerei im Widerspruch zum ersten Glau-
bensartikel: Denn wer maßlos frisst und säuft, vergisst den,
dem er sein Leben verdankt und auf den hin er als sein ver-
antwortliches Ebenbild, als sein Tempel, geschaffen ist.

Gleichsam trägt die Maßlosigkeit in sich den Keim, dem
anderen Menschen zu nehmen, was er zum Leben braucht:
So sind Neid und Gier die nächsten Verwandten der Maßlosigkeit. Vom Raubbau am eigenen Körper zum Raubbau
an der Natur und zum Raub der Lebensmöglichkeiten des
anderen ist es nur ein kleiner Schritt – doch davon werden
die nächsten Sonntage dieser Predigtreihe handeln. Zurück
zu Kohelet.

Für den, der in den alltäglichen Dingen Gott geschenkte
Lebensmittel entdecken kann, wird der Alltag zu einem

täglichen Festtag. Wer im Gezwitscher der Vögel ein Konzert hört und wer sich am Duft einer Rose freut, für den verwandelt sich der Alltag. Nichts anderes meint der Aufruf, täglich weiße Kleider zu tragen und sein Haupt zu ölen – Zeichen eines Festes im alten Israel wie in der klassischen Antike: Jeder Tag soll und kann ein Festtag sein, indem ich das Leben als Geschenk und nicht als Last, als Gabe und nicht als Zwang verstehe. Dazu gehört selbstverständlich die Liebe (V. 9): Auch sie ist eine Gabe Gottes, sie transzendiert den Alltag, lässt diesen als Fest erscheinen und stiftet Gemeinschaft, ohne die dem Menschen – wie Kohelet in der Fluchtlinie der Erzählung vom Urmenschenpaar in Gen 2 denkt – etwas fehlt.

Genieße das Leben mit einer Frau, die du liebst – Wörtlich: Nimm das Leben in seiner Fülle mit Liebe wahr. Das ist ein starker Satz gegen die Eindimensionalität der Maßlosigkeit, die den Geist ganz von einer Sache besetzt und besessen sein lässt. Das Leben in seiner von Gott gewollten Vielfalt mit Augen der Liebe wahrnehmen, in vollem Bewusstsein mit einem geliebten Menschen an der Seite – Glaube, so wie ihn Kohelet hier zeichnet – und Jesus von Nazareth bewegt sich hier ganz in den Bahnen des alttestamentlichen Predigers – ist ein gemeinschaftliches Ansehen der von Gott geschaffenen Welt mit klarem Kopf und mit liebenden Augen.

Dabei sagt Kohelet nicht: Du musst essen, trinken, feiern, lieben, leben, sondern du darfst und du kannst. Gott hat an deinem Handeln Wohlgefallen, Gott freut sich selbst an dir: Koh 9 ist in diesem Sinn auch ganz ein Text der Rechtfertigung, nicht nur eine Anleitung zur Genussfähigkeit, sondern auch eine Ermutigung, sich selbst zu vertrauen, weil Gott mir vertraut. In alledem bleibt der Prediger ganz Realist: Das Leben ist flüchtig oder eitel, wie Luther übersetzte; es entzieht sich, ist vergänglich und letztlich auch Mühe, Arbeit und Leid.

Auch hier scheint der Prediger in den Gedanken der Paradieserzählung weiterzudenken: Leben, so wie wir es vorfinden, ist begrenztes Leben, kennt nicht nur den Erfolg, bleibt häufig Fragment – aber auch hier mahnt Kohelet wieder zu einer positiven Sicht: Tu, was dir vor die Hände kommt! Sei aktiv, plane, bemühe dich um Erkenntnis und um Orientierung in der Welt – und dies vor einem doppelten Hintergrund: Erstens ist dieses Leben, mit all seiner Freude und seinem Leid, von Gott gegeben und hat damit Sinn, den zu entdecken menschliche Lebensaufgabe ist. Zweitens soll diese Aufgabe in diesem Leben wahrgenommen werden, denn danach kommt, und hier vertritt Kohelet eine im damaligen Judentum sehr konservative Position, die Scheol, die Unterwelt, das Totenreich, in der das fehlt, was Leben jetzt ausmacht: Freude an der Schöpfung, Liebe, Pläne schmieden, Erkenntnisse gewinnen und Entdeckungen machen.

Auch wenn sich im Laufe der biblischen Glaubensgeschichte nach Kohelet die Bilder über das Totenreich gewandelt haben und sich die Hoffnung auf ein Leben nach dem Tod immer stärker durchgesetzt hat, so behält Kohelets Mahnung doch ihr Recht: Bewusstes Leben heißt, nicht nur um den Tod als Grenze zu wissen, sondern auch dieses Leben jeden Tag neu als Gabe und Aufgabe Gottes in Freude anzunehmen. Dies schließt jede Form von Maßlosigkeit aus; auch, um vor dem traditionsgeschichtlichen Hintergrund von V. 10 noch einen anderen Aspekt zu nennen, religiöse Maßlosigkeit – denn auch hier gibt es das Phänomen der Völlerei, wenn heilige Texte ohne Sinn und Verstand verschlungen werden, bis sie unverdaut wieder ausgespuckt werden, wie in den fundamentalistischen Entartungen, wo die Schrift nicht als Lebensmittel, sondern als Lebensmitte verstanden und so mit Gott selbst verwechselt wird.

Ich komme nochmals zurück auf meine zwei eingangs genannten Freunde, auf Tommie und Mario aus Köln-Kalk: Bei aller Maßlosigkeit, mit der sie durch das „voll normale" Leben stolpern, verstehen sie es, im Augenblick zu leben, sich an kleinen Dingen zu freuen und selbst in Katastrophen nicht zu verzagen. Wären sie bei Kohelet in die Schule gegangen, dann hätten sie auch noch gelernt, dass das „carpe diem" seinen Grund und Ziel in Gott findet, der die Angst, zu kurz zu kommen nimmt und der zu einem Leben

in Freude befreit – jeden Tag neu und oft ganz unscheinbar.

*„Und der Friede Gottes, der höher ist als alle Vernunft, be-
wahre Eure Herzen und Sinne in Christus Jesus. Amen."*

„Siehe, es kommt die Zeit, spricht der HERR, da will ich mit dem Hause Israel und mit dem Hause Juda einen neuen Bund schließen"[59]

Jeremia 31,31–34

„Gnade sei mit Euch und Friede von Gott unserem Vater und dem Herrn Jesus Christus."

Ich erinnere mich noch gut an den Tag, als ich beim Frankfurter Studentensekretariat in der Schlange stand, um mich einzuschreiben; eine nicht zu zählende Menschenmenge vor mir, Lärm wie auf einem Basar und stickige Luft um mich herum, ich mit dem Personalausweis, der Bescheinigung über die Krankenversicherung, dem Geld für die Semestergebühren und einem Passfoto in der Hand: Immatrikulation für das Studium der Evangelischen Theologie war mein Ziel, und ich war stolz, es nach drei Stunden endlich geschafft zu haben, mit dem Studienbuch in der Hand und eingeschrieben als Mitglied der *universitas litterarum*, endlich, eine neue Zeit war angebrochen.

Unser Predigttext handelt auch von einer Immatrikulation, von einer Einschreibung und einem Übergang, von einer Inkorporation und vom Anbruch einer neuen Zeit. Doch es ist ein Text von einer ganz besonderen Einschreibung, ein Text von der Immatrikulation Gottes. Ich lese aus dem Buch Jeremia 31 die Verse 31–34 in der Übersetzung Martin Luthers:

31 Siehe, es kommt die Zeit, spricht der HERR, da will ich mit dem Hause Israel und mit dem Hause Juda einen neuen Bund schließen, 32 nicht wie der Bund gewesen ist, den ich

[59] Gehalten am 12.4.2010 im Semestereröffnungsgottesdienst in der evangelischen St. Marienkirche Berlin – Mitte.

*mit ihren Vätern schloss, als ich sie bei der Hand nahm, um
sie aus Ägyptenland zu führen, ein Bund, den sie nicht gehalten haben, ob ich gleich ihr Herr war, spricht der HERR; 33
sondern das soll der Bund sein, den ich mit dem Hause Israel
schließen will nach dieser Zeit, spricht der HERR: Ich will
mein Gesetz in ihr Herz geben und in ihren Sinn schreiben,
und sie sollen mein Volk sein, und ich will ihr Gott sein. 34
Und es wird keiner den andern noch ein Bruder den andern
lehren und sagen: „Erkenne den HERRN", sondern sie sollen
mich alle erkennen, beide, klein und groß, spricht der HERR;
denn ich will ihnen ihre Missetat vergeben und ihrer Sünde
nimmermehr gedenken.*

*Siehe, es kommt die Zeit, spricht der HERR, da will ich mit
dem Hause Israel und mit dem Hause Juda einen neuen Bund
schließen.*[60] Passender könnte die Losung für den Beginn
eines neuen Semesters wohl kaum lauten – und man könnte fast meinen, der heilige Geist selbst habe diesen Text
ausgesucht für den Tag, an dem ein Alttestamentler und
der Leiter des Instituts Kirche und Judentum predigen soll.
Ich hoffe nur, dass diese Wahl mir, aber auch Ihnen, nicht
zur Falle wird, denn so kurz dieser Text ist, so gewaltig ist
seine Wirkungsgeschichte, so klar seine Worte scheinen, so
umstritten ist seine Bedeutung – und dass nicht erst in der
modernen Forschung am Jeremiabuch und im jahrhunder-
telangen Streit zwischen Judentum und Christentum, sondern schon in der antiken Textgeschichte, wie die Differenzen zwischen dem Masoretischen Text und der Septuaginta
zeigen, die auf die bewusste theologische Arbeit antiker jüdischer Autoren zurückgehen. Nun gut, ich habe mich dafür entschieden, heute die Übersetzung Luthers und damit
den masoretischen Text zum Ausgangspunkt meiner Predigt zu nehmen, auch wenn wahrscheinlich die in der Septuaginta überlieferte griechische Fassung hier eine ur-
sprünglichere Version widerspiegelt und wenn im Hebräerbrief (8,8) Jer 31 nach der Septuaginta zitiert wird.

---

[60] Jer 31,31 war die Tageslosung der Herrnhuter Brüdergemeinde für
den 12.4.2010.

Siehe, es kommt die Zeit, spricht der HERR, wörtlich: Siehe, es kommen Tage – Orakelspruch des Herrn. Der Prophet beginnt mit einem klaren Ruf zur Aufmerksamkeit. Was jetzt verkündigt wird, wird etwas Neues sein. Der Satz klingt banal: „Es kommen Tage". Für die in der biblischen Sprache beheimateten Hörer des Prophetenworts ist das aber alles andere als banal: Der Satz ist vielmehr ein deutliches Bekenntnis zur Zukunft; die Zeit steht nicht still, sie fließt auch nicht einfach dahin, sie ist vielmehr ein qualifizierter Raum, ein Raum, der durch Gottes Handeln seinen Sinn erhält. Wer das stereotype „und es wurde Abend und es wurde Morgen, der erste Tag" aus dem Schöpfungsbericht in Gen 1 im Ohr hat, weiß: Gott setzt die Zeit, Tage kommen und Tage gehen; in Gott und in ihrer Bezogenheit auf sein Handeln haben sie ihren Sinn. So steckt in dem Auftakt zu unserem Prophetenwort schon die Überzeugung, dass es keine sinnlosen und keine gottlosen Tage gibt, auch wenn man in manch einer Sitzung des Fakultätsrates oder einer öden Vorlesung oder gar angesichts der Katastrophen in Brasilien[61] und in Polen[62] diesen Eindruck bekommen könnte. Ebenso steckt in diesem Satz „Siehe, es kommen Tage" die Gewissheit, dass diese Welt noch nicht am Ende ist, jedenfalls so lange nicht, bis Gott ihr ein Ende setzt. Für den unbekannten Schreiber unserer Verse, der sich in das Gewand des Propheten Jeremia hüllt, und für die jüdischen und christlichen Gemeinden, die dieses Wort bis heute überliefern, ist dies aber noch nicht der Fall. „Gott ist Herr der Zeit" und „Gott überlässt diese Welt nicht sich selbst", so könnte eine erste Zusammenfassung lauten.

So zur Aufmerksamkeit gebracht, verkündigt der Prophet seinen Hörern und Lesern, was die Zukunft bringen wird: *einen neuen Bund Gottes mit Israel und Juda*, genauer eine neue Verhältnisbestimmung zwischen Gott und seinem

---

[61] Im April 2010 kamen (wie auch in den Folgemonaten) zahllose Menschen in Brasilien durch starke Regenfälle und Erdrutsche ums Leben.
[62] Am 10. April 2010 starben der polnische Präsident Kaczynski und mit ihm fast hundert Menschen bei einem Flugzeugabsturz in Smolensk.

Volk. Die Wendung „neuer Bund" ist einmalig im Alten
Testament. Bünde, besser Verpflichtungen Gottes mit Israel, seinen Vätern und Vorläufern, kennt das Alte Testament viele, mit Noah und Abraham, mit dem Volk Israel
oder mit David – einen *neuen* Bund, eine *neue* Verpflichtung, ein *neues* Sich-selbst-ins-Verhältnis-Setzen, erwähnt
im Alten Testament nur Jer 31.
Neu, das hat hier den Charakter des qualitativ ganz Besonderen, des Endgültigen, des in einzigartiger Weise Ausge-
zeichneten – wenn das Wort nicht durch die Hochschulpo-
litik so furchtbar missbraucht wäre, könnte man sagen des
Exzellenten[63], eine exzellente Relation. Gott, und das heißt
kein König und kein Priester, kein Prophet und kein Präsident, schon gar nicht ein Papst oder ein Obama[64], markiert, was Exzellenz meint, jedenfalls in der Beziehung zwischen sich und Israel – und, wie man in der Fluchtlinie des
Jeremiawortes und seiner Rezeption sagen könnte, in der
Beziehung zwischen sich und dem Menschen: eine exzellente Beziehung zwischen Gott und Mensch, eine Beziehung, die nicht zerbricht, nicht frei von Krisen, aber mit
Bestandsgarantie, mit – wieder so ein eigentlich abgenutz-
tes Wort – Nachhaltigkeit, ja eine Beziehung mit Tiefen-
wirkung und mit Endgültigkeit. Dieser Bund, diese Beziehung, sie wird halten, weil Gott sie stiftet, und zwar so,
dass sie nicht vergessen werden kann. Und hierin liegt nun
das Neue, das Endgültige, das Unzerbrechliche dieses Bundes, dieser Verpflichtung, die Gott selbst eingeht:
Ich will mein Gesetz in ihr Herz geben und in ihren Sinn
schreiben, und sie sollen mein Volk sein, und ich will ihr Gott
sein.
Gott selbst wird seine Tora, seine Weisung, in das Innere
Israels geben und auf Israels Herz schreiben, wie es im

---

[63] Der Begriff erlebt spätestens seit der sogenannten „Exzellenz–
Initiative", einer umfangreichen Maßnahme des Bundes und der Länder
zur Förderung der Universitäten, die 2005/2006 gestartet wurde, einen
inflationären Gebrauch.
[64] Barack Obama wurde am 20.1.2009 als erster Afroamerikaner Präsident der USA und wurde zunächst messianisch gefeiert.

Hebräischen heißt, in ihr Wesen und auf ihr Herz: ein
Bund, wie ein Brandzeichen.

Im alten Ägypten gab man den Verstorbenen einen Skara-
bäus in Herzform, auf dessen Unterseite die Hieroglyphe
für die Göttin Ma'at, für die Gerechtigkeit eingraviert war,
mit ins Grab. Beim Totengericht sollte dieser Herzskarabäus die Gerechtigkeit des Verstorbenen verbürgen, ihn so
vor der Allesfresserin bewahren und ihm dann als Gerecht-
fertigten das ewige Leben schenken. Vielleicht hat unser
Prophetenspruch solch einen Herzskarabäus vor Augen,
wenn es heißt, Gott legt seine Tora auf das Herz Israels –
ist es doch Gottes Weisung, die für Recht und Gerechtigkeit, für Glück und Leben steht.

Doch Jer 31 geht noch weiter: Wenn Gott seine Tora selbst
ins Herz schreibt, also nicht mehr auf Stein, wie die alten
Gesetzestafeln vom Sinai (Ex 34), sondern ins Herz, mitten
in die Person, dann schreibt sich letztlich Gott selbst in diese Person ein. Gott prägt seine Tora ins Herz, mit anderen
Worten: Gott immatrikuliert sich. Er immatrikuliert sich
mitten in Israel – und das hat Folgen:

– diese Einschreibung bewirkt eine unzertrennliche Verbindung zwischen Gott und seinem Volk: *sie sollen mein
Volk sein, und ich will ihr Gott sein.*,

– diese Einschreibung begründet eine umfassende Gotteserkenntnis: *Und es wird keiner den andern noch ein Bruder den andern lehren und sagen: „Erkenne den HERRN“,
sondern sie sollen mich alle erkennen, beide, klein und groß,*

– und diese Einschreibung bewirkt eine Beseitigung dessen, was Gott und sein Volk trennt: *denn ich will ihnen ihre
Missetat vergeben und ihrer Sünde nimmermehr gedenken.*

Die Tora im Herzen, Bezogensein auf Gott, Gotteserkenntnis und Sündenvergebung, das ist der Vierklang des
neuen Bundes Jeremias.

Erinnern Sie sich noch an die Zeile der Sportfreunde Stil-
ler: „Mit dem Herz in der Hand und der Leidenschaft im
Bein werden wir Weltmeister sein." Das war der Zweiklang

der WM 2006 und vielleicht klappt es ja dieses Mal.[65] Jeremias Vierklang klingt ähnlich und doch ganz anders: die Tora im Herzen, auf Gott bezogen, Gott erkennen und die Sünde vergeben – das ist mehr als Weltmeister sein und das gilt nicht nur Jogis[66] Fußballmillionären! Was Jeremia verkündigt, was Israel als erster Adressat dieser Verheißung erhofft und auf dessen Vollendung die christliche Gemeinde, die im Kreuzestod Jesu die Einsetzung der neuen Verpflichtung Gottes sieht, wartet, das ist die Einschreibung Gottes in mein Leben, jeden Tag und zu meinem Glück.

Blicken wir nochmals zurück: Mit dem Judentum bekennt die christliche Gemeinde Gottes Herrschaft über die Zeit. Mit dem Judentum bekennt sie sich zu ihrer Geschichte mit Gott, bekennt ihr Angewiesensein auf Gottes Offenbarung – denn, und daran sollten sich gerade Theologen erinnern, wenn sie sich wieder einmal gegenseitig belehren sollten, wer denn nun Gott wirklich ist und wie und wo er sich erfahren lasse – ohne die unverfügbare Selbstmitteilung Gottes ist jede Rede über Gott hohl und leer. Und mit dem Judentum weiß die christliche Gemeinde um ihr stetes Angewiesensein auf Gottes Vergebung und Gottes Vergessen.

Nebenbei bemerkt: Stellen Sie, liebe Gemeinde, sich einmal vor, Gott würde nichts vergessen – furchtbar, wir könnten gleich aufhören, uns am besten eingraben und hoffen, dass uns irgendein lieber Mensch einen Herzskarabäus mit auf den Weg in die Hölle gibt.

Also, im Vertrauen auf Gottes sinnstiftendes und immer wieder Zukunft schenkendes Handeln in der Welt und in meinem Leben stehen wir als christliche Gemeinde neben den ersten Adressaten unseres Jeremiawortes, dem Haus Israel und dem Haus Juda – auch und gerade im Angesicht von Katastrophen, und Jer 31 als eine Antwort auf die Zerstörung Jerusalems und seines Tempels 587 v. Chr. ist ein

---

[65] Vom 11.6.–11.7.2010 fand in Südafrika die Fußballweltmeisterschaft statt, bei der Deutschland Platz drei belegte.
[66] Spitzname für Joachim Löw, der seit dem 1. August 2006 die deutsche Fußballnationalmannschaft trainiert.

ganz kräftiges Bekenntnis zu Gott und seiner Treue angesichts von nationalen und persönlichen Katastrophen. In
diesem Bekenntnis zu Gottes Treue, der sich selbst immer
wieder ins Verhältnis zum Menschen setzt, steht die Kirche
in geschwisterlicher Verbundenheit neben Israel als erstem
Empfänger der Verheißung von der neuen Zeit Gottes.

Und doch lesen wir, wenn wir von den Evangelien und von
Jesu Abendmahlsworten, von Paulus und vom Hebräerbrief
her kommen, Jer 31 noch einmal anders. So erscheint nun
Jesus selbst als Gottes Tora: Jesus als die Tora, die Gott,
inmitten Israels aufgestellt hat: „inmitten", nun verstanden
in der physischen Mitte des antiken Israel um die Zeitenwende. Jesus als die von Gott geschriebene Tora, als die in-
karnierte Weisung Gottes, als das menschliche Zeichen,
Gott und den Nächsten zu lieben, wie es im Zentrum der
Tora vom Sinai heißt (Lev 19,18), Jesus als der menschliche Ermöglichungsgrund, Gott zu erkennen oder, um näher an der Grundbedeutung des hebräischen Wortes für
„erkennen" zu bleiben, Jesus als der menschliche Ermöglichungsgrund, mit Gott intensiv vertraut zu sein. Mit Jesus
hat sich Gott selbst in die Geschichte immatrikuliert, und
er tut dies immer wieder neu: In jedem Abendmahl wie-
derholt sich diese Einschreibung Gottes in mein Leben, mit
all ihren in Jer 31 angekündigten Folgen: der Weisung
Gottes für mein Leben, der Gotteserkenntnis und der Vergebung meiner Sünden. D.h. Gottes Einschreibungsge-
schichte ist noch nicht abgeschlossen: Als eine Beziehungsgeschichte kann sie auch nie abgeschlossen sein. Wie eine
Beziehung immer im Werden und im Wachsen ist, so ist
auch der „neue Bund", die neue Relation zwischen Gott
und Israel, zwischen Gott und Kirche und über Israel und
Kirche zwischen Gott und Mensch stets im Werden und
im Wachsen – jedenfalls so lange, bis Gott sein endgültiges
„Siehe, es ist vollbracht" spricht und wir untrennbar verbunden sind mit Gott.

Bis dahin liegt es an uns, mit Gott zu rechnen, in der von
ihm gesetzten Zeit Sinn zu entdecken, die Zeichen seiner
Tora, sei es im Israel Jeremias, sei es im Jerusalem Jesu oder
hier in Berlin Mitte, zu erkennen und angesichts der Zer-

brechlichkeit menschlicher Existenz die Hoffnung auf den
Gott des Lebens nicht zu verlieren.

*„Und der Friede Gottes, der höher ist als alle Vernunft, der
bewahre eure Herzen und Sinne in Christus Jesus. Amen.“*

„Die Güte des HERRN ist's, dass wir nicht gar aus sind"[67]

Klagelieder 3,22–32

„Gnade sei mit Euch und Friede von Gott unserem Vater und dem Herrn Jesus Christus."

Liebe Gemeinde,
zwei Bilder der letzten Woche haben sich in mein Gedächtnis gegraben:
Das überschwemmte New Orleans mit seinen zerstörten Häusern, um Hilfe schreienden Menschen, die Arme zum Himmel gestreckt, klagend und anklagend, verendeten Tieren und in braunem Wasser treibenden Leichen. [68]
Auf der anderen Seite der Präsident des Landes, im dunklen Anzug, vor der amerikanischen Fahne, mit gesenktem Kopf und dem Satz auf den Lippen: „Wir fügen uns in den Willen Gottes".
„Wir fügen uns in den Willen Gottes" – Wie kommt George W. Bush zu diesem Satz? Ist das nicht Zynismus, blanker Hohn angesichts des Leidens, gerade der Ärmsten in und um New Orleans? Wie kommt der Präsident zu solch einem Satz?
Bei meiner Spurensuche bin ich auf einen Ein–Dollar–Schein gestoßen. Auf dem Schein steht: „In God we trust – Wir vertrauen auf Gott." Auf dem Geld steht es: Grün auf weiß: „Wir vertrauen auf Gott." Millionenfach geht ein Stück Papier mit dieser Aufschrift täglich von Hand zu Hand „Wir vertrauen auf Gott", dieser Satz zieht still seine Kreise, durch Supermärkte und über Tresen, durch Bordelle und durch Theaterkassen, durch Tankstellen und Büros.

---

[67] Gehalten am 16. Sonntag nach Trinitatis, 11.9.2005, in der evangelischen Bethlehemkirche Frankfurt am Main.
[68] Ende August 2005 wurde der Südosten der USA von dem Hurrikan Katrina, einer der schlimmsten Naturkatastrophen in der Geschichte der USA, heimgesucht, bei dem besonders New Orleans betroffen war.

„Wir vertrauen auf Gott" – still geht dieser Satz seinen Weg, ungelesen und unbeachtet; vermutlich wissen die wenigsten, dass er überhaupt auf dem Schein steht, und wenn sie es wissen, dann sagt er ihnen so viel oder so wenig wie all die anderen Schriftzüge auf dem Stück Papier – Hauptsache, ich bekomme was für mein Geld – ob mit Text oder ohne Text, ob mit Gottvertrauen oder ohne.

Aber nun gibt es diese Bilder aus New Orleans und nun gibt es den Satz von George Bush „Wir fügen uns in den Willen Gottes" und da gibt es noch etwas – den Predigttext für den 16. Sonntag nach Trinitatis, den Text für die Woche eins nach der Katastrophe von New Orleans, den Text für den Sonntag, in dessen Mittelpunkt die Frage nach Gottes Macht über Leben und Tod, nach dem Sinn und Unsinn meines Lebens steht. Ich lese aus den sogenannten Klageliedern Jeremias aus dem 3. Kapitel die Verse 22–26+31–33.

22 Die Güte des HERRN ist's, dass wir nicht gar aus sind,
seine Barmherzigkeit hat noch kein Ende,
23 sondern sie ist alle Morgen neu,
und deine Treue ist groß.
24 Der HERR ist mein Teil, spricht meine Seele;
darum will ich auf ihn hoffen.
25 Denn der HERR ist freundlich dem, der auf ihn harrt, und
dem Menschen, der nach ihm fragt.
26 Es ist ein köstlich Ding, geduldig sein
und auf die Hilfe des HERRN hoffen.
27 Es ist ein köstlich Ding für einen Mann,
dass er das Joch in seiner Jugend trage.
31 Denn der HERR verstößt nicht ewig;
32 sondern er betrübt wohl und erbarmt sich wieder nach seiner großen Güte.
33 Denn nicht von Herzen plagt
und betrübt er die Menschen.

Der Abschnitt aus den Klageliedern Jeremias geht nicht runter wie Öl. Das ist ein Text, den man durchkauen muss, dessen Worte einzeln wie hartes Brot zwischen den Zähnen

zerrieben werden müssen. Der Dichter hat es sich selbst
und seinen Lesern nicht leicht gemacht. Der hebräische Urtext ist so gestaltet, dass jeweils drei aufeinander folgende
Verse mit demselben Buchstaben anfangen – und so geht es
das ganze Gedicht durch, dem Alphabet entlang, für jeden
Buchstaben jeweils drei Verse. Damit das gelingt, musste
der Dichter immer wieder neue passende Worte finden. So
ist ein schwer eingängiges Gedicht entstanden, das medi-
tiert sein will, jedes Wort, Zeile für Zeile will durchbuch-
stabiert sein. Doch die Form ist dem Inhalt des Gedichts
angemessen:

*Die Güte des HERRN ist's, dass wir nicht gar aus sind, seine
Barmherzigkeit hat noch kein Ende* – ein solcher Satz geht
nicht leicht über die Lippen angesichts der Bilder der letzten Tage, ein solcher Satz liegt schwer im Magen; die Güte
Gottes, genauer die Solidarität des Menschen mit Gott
ist's, dass wir nicht fertig sind. Wer kann so etwas sagen?

Das kann einer sagen, der selbst die Katastrophe überlebt
hat; das kann einer sagen, der selbst am Ende war und
plötzlich festgestellt hat: „Es geht weiter"; das kann einer
sagen, der mit sich selbst und der Welt fertig war und der
gemerkt hat, dass Gott nicht mit ihm fertig war. So einer
kann das sagen: „Es liegt an Gott, dass ich nicht fertig bin".
So einer war der Dichter unseres kleinen Abschnitts: das
war einer, der überlebt hat, der den Untergang Jerusalems
im Jahr 587 v. Chr. überlebt hat, der das Brandschatzen,
Morden und Vergewaltigen der babylonischen Truppen
überlebt hat und der nun sagt: „Gott ist treu." Einer, der
überlebt hat, stimmt hier den Dreiklang von der Güte, der
Barmherzigkeit und der Treue Gottes an. Dabei führt ihn
sein Nachdenken über Gott zu einer Rede an Gott.

*Seine Barmherzigkeit hat noch kein Ende, und deine Treue ist
groß.*

Die Rede über Gott wird hier zur Rede an Gott. Wie oft
reden wir über Gott, aber wie selten mit Gott! Über Gott
lässt sich wunderbar streiten und diskutieren, in Talkshows
genauso wie in persönlichen Gesprächen – und nicht zuletzt in akademischen Kreisen, gerade in der Theologie und
hier weiß ich, wovon ich spreche: Über Gott lässt sich re-

den, aber mit Gott? Für den Beter von Klgl 3 ist das gar keine Frage: sein Meditieren über sich selbst und über Gott führt ihn zum Gebet: Deine Treue ist groß, mit anderen Worten, auf dich Gott ist Verlass, du bist mein Grund und Boden.

Gehen wir noch einmal einen Schritt zurück: Der Beter sieht sich selbst an, blickt gewissermaßen in den Spiegel, stellt fest, dass er noch nicht am Ende ist, kommt zum Ergebnis, dass das an Gott liegt – und lobt Gott. Man könnte sagen: der Mann ist verrückt – wie der amerikanische Präsident, der sagt: Wir fügen uns in den Willen Gottes. Nehmen wir einmal an, dass unser Beter nicht verrückt ist, dann hat er uns mit seinen Versen eine Anleitung zur Sinnfindung geschenkt; ja eine Anleitung, Sinn in meinem kleinen Leben zu finden; Sinn, in dem, was ich täglich tue und erfahre; eine Anleitung zur Sinnfindung. Es ist eine Anleitung mit mehreren Sätzen – und es sind Sätze, die nicht unbedingt zeitgemäß sind, aber sie sind wahr!

Der HERR ist mein Teil, spricht meine Seele; darum will ich auf ihn hoffen.

Der erste Satz der Suche nach Sinn lautet also: Geh davon aus, dass es einen Sinn gibt. Unser Beter weiß tief in seinem Innern, dass Gott sein Teil ist, dass Gott ihm zugeteilt ist, dass Gott und er zusammengehören. Mit seiner ganzen Person sagt er: Gott ist meine Portion; nichts weniger: Gott ist meine Portion; Gott und ich gehören zusammen; ich bin dein und du bist mein – das steht fest, mein Leben, das Leben und Gott gehören zusammen – deshalb gehört auch, nebenbei gesagt, der Gottesbezug in jede vernünftige Verfassung und das Bekenntnis zu Gott zu jedem verantwortungsvollen Politiker; das nur aus aktuellem Anlass – also: mein Leben und Gott gehören zusammen, weil Gott sich mir selbst zugeteilt hat. Das ist ein Satz den ich mir jeden Tag mindestens einmal sagen sollte; am besten vor dem Spiegel: Gott und ich gehören zusammen; das macht Mut und schenkt mir Kraft, auch wenn ich meine, am Ende zu sein – vor dem Spiegel: ich bin dein und du, Gott, bist mein!

Der zweite Satz der Suche nach Sinn lautet: *Ich will auf ihn hoffen.*

Wir sollten das kleine Wort „will" hier nicht überhören oder überlesen. Ich *will* auf ihn hoffen. Wir kennen den Satz: Ich würde ja gerne glauben, aber ich *kann* nicht. Hier geht es auch nicht um können, sondern um wollen. Nicht: „Kannst du glauben" ist die richtige Frage, sondern: „Willst du glauben?" Dabei geht es nicht um Glauben von irgendwelchen Geschichten, Wundern oder dogmatischen Sätzen, sondern dabei geht es um Vertrauen: Also: Willst du Gott vertrauen oder nicht? Ich muss mir also zuerst selbst die Frage stellen: Will ich wirklich auf Gott vertrauen? Will ich das wirklich? Wenn ich das nicht will, dann hat meine Suche nach Sinn keinen Sinn. Ohne Vertrauen erschließt sich kein Sinn, ohne Vertrauen kommt es zu keiner Beziehung, ohne Vertrauen gibt es keine Liebe, weder zu einem Menschen noch zu Gott.

Unser Beter vertraut Gott, in Gott vertrauen – wir erinnern uns an die Dollarnote – nicht Vertrauen in Deutschland, wie es auf einem dümmlichen Wahlplakat lautet, sondern Vertrauen in Gott.

Wer auf Gott vertraut, dem erschließt sich Sinn:

Denn der HERR ist freundlich dem, der auf ihn harrt, und dem Menschen, der nach ihm fragt.

Das ist der dritte Satz unserer Anleitung zur Sinnfindung. Luther hat hier etwas großzügig übersetzt. Näher am Urtext wäre: Sinnstiftend und lebensspendend ist Gott für den, der auf ihn harrt und der ihn sucht. Sinnstiftend und lebensspendend – so ist Gott. In der Suche nach Gott, in der Frage nach Gott erschließt sich Sinn, mein Lebenssinn, ja der Sinn meines Lebens ist nichts anderes, als mit Gott zu rechnen, nach Gott zu fragen, ihn mit meiner ganzen Lebenskraft zu suchen, immer wieder zu suchen, wo Gott ist – und dafür brauche ich weder Google Earth noch einen Flug zum Mars, dafür brauche ich das, was Gott prinzipiell jedem Menschen geschenkt hat: Geduld und Stille. Natürlich, Geduld ist oft schwer, Geduld zu haben, gilt nicht unbedingt als Tugend, und Stille ebenso wenig, gerade in unserer lauten Zeit; es sind nicht die lauten Töne, nicht der

Lärm der Techno–Partys oder der Formel 1, die Gott erschließen, es sind die leisen Töne; unser Beter wusste das;
Stille ist etwas, was jeder haben kann, sie kostet nichts –
außer den Willen, sie aufzusuchen; auch Geduld kostet
nichts, außer der Zeit, die ich mir dafür nehmen muss –
aber beides sind Gottesgeschenke, Stille und Geduld, sie
sind Räume, in denen ich zu mir selbst und zu Gott kommen kann; ich bin dein und du bist mein; Stille und Geduld, sie verändern die Rede über Gott zur Rede an und
mit Gott. Und was soll ich in dieser Stille machen: Befra-
gen wir nochmals unseren Beter:
Es ist ein köstlich Ding für einen Mann, dass er das Joch in
seiner Jugend trage. Auch hier möchte ich Luthers schöne
Übersetzung ein wenig modernisieren: Ein köstlich Ding,
für Menschen in der Reformationszeit war das gut verständlich; wir halten uns vielleicht besser an den Urtext.
Dann heißt der Satz: Sinnstiftend und lebensspendend ist
es für einen Mann, dass er das Joch in seiner Jugend trage.
Das Joch, von dem hier die Rede ist, ist nichts anderes als
die Tora, die Fünf Bücher Mose, insbesondere das fünfte
Buch Mose mit den Zehn Geboten: Sinn schenkt deinem
Leben, in der Tora zu lesen; das ist gemeint, und deshalb
ist hier, da es sich um einen Text, der aus einer weitgehend
von Männern bestimmten Welt stammt, von einem Mann
die Rede. Wir dürfen übertragen: es ist sinnvoll, in der Bibel zu lesen; es macht Sinn, früh biblische Geschichten zu
lernen, Psalmen zu beten, Sprüche der Propheten und der
Weisen Israels zu kennen; Geschichten erschließen die
Welt, Geschichten erschließen meine Welt, zumal, wenn
sie aus der Bibel stammen: Also: Stille, Geduld und Lesen
in der Bibel, das schenkt Sinn und das führt zu Gott.
Noch ein fünfter Satz steht in unserer Anleitung; und ich
bin froh, dass er drin steht; ohne diesen Satz könnte man
vielleicht den Eindruck erhalten, dass für unseren Beter alles recht einfach ist – obgleich dies falsch ist, denn – wir erinnern uns – hier spricht ein Überlebender vom Dreiklang
der Güte Gottes, hier spricht einer, der den Kopf aus dem
Schlamm gezogen und die nackte Haut gerettet hat, also
der fünfte Satz:

31 Denn der HERR verstößt nicht ewig;
32 sondern er betrübt wohl und erbarmt sich wieder nach seiner großen Güte.
33 Denn nicht von Herzen plagt
und betrübt er die Menschen.

Negative Erfahrungen lassen sich aus dem Leben nicht ausblenden; es gibt nun einmal die Flugzeugabstürze, es gibt die Verkehrstoten und die Kinderkrebsstationen; es gibt Leid, unzähliges; ich kann es übersehen, aber damit ist nicht geholfen. Also muss ich versuchen, es zu lindern und zu deuten.

Unser Beter hilft uns hier beim Deuten – er deutet es, wie alles, was geschieht, als Handeln Gottes – das ist schwer, sehr schwer, gerade in Situationen schweren Leidens. Leiden als Folge eines Handeln Gottes? – Ja, für den Beter der Klagelieder ist das so; ob wir ihm zustimmen können, ist eine andere Frage; aber er hat seine Deutung mit zwei Zusätzen gerahmt, die wir mithören sollten:

Erstens wenn Gott uns Schmerzen zufügt, dann entspricht das letztlich nicht Gottes eigentlichem Wesen, es ist, wie Luther formulierte, Gottes fremdes Werk; es kommt Gott letztlich nicht von Herzen, aber es muss offenbar sein;

zweitens wenn Gott uns Leiden zufügt, dann hebt dies meine Beziehung zu Gott nicht auf. Ich falle auch dann nicht aus Gottes Hand, wenn es mir schlecht geht, schlecht durch Gott selbst – entscheidend ist auch dann: in der Situation des Leidens Sinn zu entdecken, im Gespräch mit Gott, wie Hiob mit Gott streiten, auch und gerade im Leid, und dann die Erfahrung machen: auch diese Situation hat Sinn, denn Gott steht hinter ihr und er steht hinter mir: er weiß, wann es genug ist, ich muss es nicht wissen – das kann entlasten; es hat den Beter der Klagelieder entlastet, es hat Hiob entlastet, und es hat Jesus in Gethsemane entlastet. Gott weiß, wann es genug ist; Sollte das nicht auch uns entlasten? Blicken wir nochmals zurück: „Sich einfügen in den Willen Gottes" und „Gottvertrauen", das sind keine sinnlosen Sätze, es sind Sätze, die Sinn erschließen; es kommt darauf an, dass ich diese Sätze jeden Tag neu für mich entdecke, ihnen mit langem Atem nachspüre und mich selbst in den Willen Gottes einfüge. Am liebsten hätte ich jedem von Ihnen heute eine 1–Dollar–Note mit nach Hause gegeben, aber ich habe nur drei in meiner Box mit fremden Währungen, aber vielleicht haben sie ja eine zu Hause oder Sie denken einfach, wenn Sie Dollar hören, einmal an den Satz: „Wir vertrauen auf Gott", nehmen die Bibel zur Hand, lesen Klgl 3, am besten in der Stille, ruhig und meditierend und kommen mit Gott ins Gespräch – denn an Gott liegt es, dass wir noch nicht fertig sind.

„Und der Friede Gottes, der höher ist als alle unsere Vernunft, der bewahre unsere Herzen und Sinne in Christus Jesus. Amen."

„Es ist dir gesagt, Mensch, was gut ist ...“[69]

Predigt über Micha 6,8

„Friede sei mit Euch von dem, der da war, der da ist und der da kommt!"

Ich zitiere aus einer Vorlesung, die der jüdische Psychotherapeut und Philosoph Viktor Frankl 1949/50 gehalten hat: „Wir kennen den Menschen. Wir haben ihn kennengelernt wie vielleicht noch keine Generation vor der unseren. Wir wissen, wessen der Mensch fähig ist. Wir wissen, dass der Mensch das Wesen ist, das die Gaskammern erfunden hat, – aber auch das Wesen, das in eben diese Gaskammern eingetreten ist, aufrecht und mit der Marseillaise oder einem Gebet auf den Lippen. Zum einen wie zum andern birgt der Mensch in sich die Möglichkeit; welche Möglichkeit jeweils zur Wirklichkeit wird, entscheidet er selbst. Der Mensch ist ein entscheidendes Wesen – er entscheidet in jedem Augenblick, und worüber er in jedem Augenblick entscheidet, ist: was er im nächsten Augenblick sein wird."[70]

So weit Viktor Frankl: Der Mensch ist das Wesen, das sich immer wieder entscheiden muss. In Anlehnung an Herbert Grönemeyer[71] könnte man auch sagen: Der Mensch heißt Mensch, weil er sich entscheidet und sich fragt, was soll ich tun, ja, weil er sich entscheiden muss und oft nicht weiß, wie.

[69] Gehalten am 14.10.2013 im Semestereröffnungsgottesdienst in der evangelischen St. Marienkirche Berlin – Mitte.
[70] V. Frankl, Der leidende Mensch. Anthropologische Grundlagen der Psychotherapie, Serie Piper 1223, München 1990, S. 312f.. Das Buch bietet u.a. eine Sammlung von Vorlesungen Frankls aus den Jahren 1949/50, die 1975 wieder abgedruckt und 1990 neu herausgegeben wurden.
[71] Vgl. den Song „Mensch" von H. Grönemeyer (2002).

Unser ganzes Leben ist von einem Sich-Entscheiden-müssen gekennzeichnet, wir müssen uns immer wieder entscheiden, in kleinen und in großen Dingen. Unser gesamter Tagesablauf ist von einem solchen Entscheidungszwang geprägt. Das fängt morgens damit an, dass ich mich entscheiden muss, ob ich noch eine Stunde länger im Bett bleibe oder aufstehe, und hört abends damit auf, dass ich mich entscheiden muss, ob ich mir den Tatort im Ersten oder die Heimatsendung im Zweiten antue. Vielleicht stellen mich diese beiden Alternativen noch nicht vor eine existenzielle Krise. Die Mehrzahl unserer Entscheidungen läuft ja auch irgendwie automatisch ab, ohne großes Nachdenken.

Aber wir alle kennen Situationen, in denen wir ganz bewusst entscheiden müssen – und wo es um mehr geht als Nüsse oder Chips, um Dinge, die unser Leben und das Leben anderer verändern.

Schon der Anruf eines Freundes, der mich zu seiner Geburtstagsfeier einlädt, kann mich in eine *solche* Entscheidungssituation bringen. Eigentlich habe ich ja gar keine Zeit, seine Einladung anzunehmen. Andererseits weiß ich, wie viel ihm mein Besuch bedeutet. Was soll ich machen? Meine wertvolle Zeit opfern oder dem Freund zuhören?

Oder: An der Haustür klingelt es. Ich schaue durch das Fenster und sehe einen kleinen Jungen, ärmlich gekleidet, mit einem Zettel in der Hand. Ich weiß genau, was er will, natürlich: Geld. Was soll ich machen? Die Tür öffnen, ihm etwas geben? – Es gibt doch das Sozialamt, außerdem habe ich mir vorgenommen, an der Haustür nichts zu geben! Ein Euro, was soll's, oder nein – da kann ja jeder kommen. Was soll ich machen? Meinen Prinzipien treu bleiben oder dem Kleinen für einen Moment leuchtende Augen schenken?

Zwei alltägliche Entscheidungen, die lebensverändernd sein können. Ich brauche gar nicht an den Arzt zu erinnern, der am Bett eines todkranken Menschen steht und entscheiden muss, ob er die Maschinen noch laufen lässt oder nicht, oder an den Richter, der über schuldig oder nichtschuldig, über Gefängnis oder eine zweite Chance entscheiden muss.

Unser Alltag ist voller Entscheidungen und oft geprägt von
der Erfahrung „ich weiß nicht, was ich tun soll, soll ich ja
sagen oder nein, soll ich nach rechts gehen oder nach links,
wenn mir doch nur jemand raten würde, ich fühle mich so
allein gelassen." Mitten in eine Entscheidungssituation hinein klingt ein Satz aus dem Buch des biblischen Propheten
Micha:

*Es ist dir gesagt, Mensch, was gut ist und was der HERR von
dir fordert, nämlich: Gottes Wort halten und Liebe üben und
demütig sein vor deinem Gott. (Micha 6,8)*

Genau das ist es, was ich brauche, um mich zu entscheiden:
*Es ist dir gesagt, Mensch, was gut ist und was der HERR von
dir fordert, nämlich: Gottes Wort halten und Liebe üben und
demütig sein vor deinem Gott.*
Das ist, wie einer der bedeutendsten neuzeitlichen Bibel-
wissenschaftler, Julius Wellhausen[72], einmal formuliert hat,
das „Ei des Kolumbus".
Mir ist gesagt, was gut ist. *Mir*, dem Geschöpf, das sich
immer wieder entscheiden muss. Das klingt beruhigend:
„mir ist gesagt". Ja, wenn dem so ist, dann ist ja alles klar. –
Oder etwa nicht? Zweifel melden sich an: *Wer* hat denn das
gesagt und vor allem, was heißt „gut"?
Der hebräische Wortlaut ist genauer, als es die eben gehörte
Übersetzung des Micha-Satzes von Luther zu erkennen
gibt: *„Er* hat gesagt". Dieser „Er" ist kein anderer als Gott.
Gott selbst hat mir, dem Menschen gesagt, was gut ist – er
hat es gesagt und er sagt es immer wieder, ohne jedes wenn
und aber, der hebräische Text ist eindeutig: *Gott* sagt dem
Menschen, was gut ist, der Schöpfer teilt es mit, er offenbart es seinem Geschöpf.
Hinter diesen Worten leuchtet die Erzählung vom Paradies
auf, die Worte von Gott an Adam und seine Frau, an den
Menschen überhaupt, denn für diesen stehen die Chiffren

---

[72] J. Wellhausen, Die Kleinen Propheten übersetzt und erklärt, vierte
unveränderte Auflage, Berlin 1963 (= 3. Aufl. 1898), S. 147.

Adam und Eva – jeder von uns ist Adam und Eva – Gott sagt uns, was gut ist.

Im Michabuch wie in der Erzählung vom Paradies heißt das Wort „gut" nichts anderes als „lebensförderlich". Das, was dem Leben dient, das ist gut, das ist sinnvoll. Das heißt aber auch, es gibt kein abstraktes Gutes. So vielfältig wie das Leben ist, so vielfältig kann das sein, was dem Leben dient. So konkret wie das Leben ist, so konkret muss das Gute sein. Auf diese Konkretion des Guten hat die vor zehn Jahren verstorbene feministische und politische Theologin Dorothee Sölle immer wieder hingewiesen.

Zugleich gibt es für Micha kein von Gott, kein von der Religion isoliertes Gutes. Gut, das ist für den biblischen Verfasser ein Synonym für Gottes Forderung an den Menschen, für Gottes Erwartung an mich oder, um dem hebräischen Wortlaut dichter zu folgen: Gut ist das, was Gott selbst ganz intensiv beim Menschen sucht, was Gott aus mir, aus meinem Leben heraussucht, nicht im Sinn von auswählt, sondern im Sinn von hervorsuchen, vom „ans Tageslicht bringen": Gott sucht an mir und in meinem Leben nach dem Guten, nach dem, was dem von ihm geschaffenen Leben dient.

Dem Verfasser des Michatextes ist klar, dass das, was gut ist, was dem Leben dient, einerseits abhängig ist von der jeweiligen Situation und dass es andererseits bestimmte Orientierungspunkte geben muss. Darum gibt er eine dreifache Erläuterung:

Nichts anderes heißt gut als: Gottes Wort halten, Liebe üben, demütig sein vor deinem Gott.

Sehen wir uns diesen Dreiklang näher an.

Der erste Ton: *Gottes Wort halten.* Der Ausleger steht hier vor einer Schwierigkeit: Diese Übersetzung stammt von Luther, der hier erheblich vom hebräischen Urtext abweicht, denn dieser nennt als erste Sequenz: „Recht tun". Luther war diese Abweichung offenbar bewusst. In seiner deutschen Übersetzung der Bibel von 1545 vermerkt er am Rand die hebräische Lesart „Recht tun". Und auch in seinen Thesen zum Ablass von 1518, in denen er Micha 6,8 zitiert, schließt er an seine Wiedergabe „Gottes Wort halten" die sprachlich exakte Übersetzung „Recht tun" an. So stellt der Michatext in der Version Luthers vor allem ein bedeutendes Zeugnis für Luthers Theologie vom Wort Gottes dar.

Ich folge daher jetzt dem Michawort in seiner hebräischen Gestalt und lese als erste Konkretion dessen, was der Prophet als gut und lebensförderlich ansieht, „Recht tun."

„Recht tun", das meint im biblischen Horizont zunächst nicht richten, sondern aufrichten oder herrichten, nämlich etwas aufrichten, was hingefallen ist, etwas herrichten, was verrückt ist, nicht richten über etwas, sondern ausrichten auf etwas, nämlich auf eine heile Beziehung. „Recht üben", das heißt eine Beziehung stiften, eine bestehende Beziehung pflegen und eine zerbrochene Beziehung heilen.

„Es ist dir gesagt Mensch, was gut ist: Beziehungen zu heilen." Das kann und soll Maßstab meiner Entscheidungen sein: Pflege ich, wenn ich mich so, wie ich mich entscheide, eine Beziehung oder zerstöre ich eine? Heile ich mit meinem Handeln eine zerbrochene Beziehung oder füge ich den schon vorhandenen Scherben weitere hinzu?

Um es noch einmal in anderen Worten zu sagen: „Recht tun" heißt nichts anderes als „Frieden stiften" oder „Heiland sein". Lebensfördernd ist meine Entscheidung, wenn ich mit ihr und einem entsprechenden Handeln einem anderen zum Heiland werde. Ich soll und ich kann einem anderen zum Heiland werden, das ist eine der wesentlichen Aussagen unseres Bibelwortes.

Der zweite Ton von Michas Dreiklang, *Liebe üben*, unterstreicht die erste Konkretion: „Recht tun" und „ein Verhalten, das der Gemeinschaft, in der ich lebe, dient", wie es im Urtext heißt, gehören fest zusammen, Beziehungen stiften und Vertrauen schenken, sie bilden eine Einheit. Ohne Gemeinschaftssinn kann ich dem Nächsten nicht zum Heiland werden. Ohne Blick für die Gemeinschaft, ja ohne Gemeinschaft selbst, fehlt mir nach biblischem Verständnis etwas zu meinem Menschsein.

Dem auf sich selbst bezogenen Mensch der Gegenwart, dem sich in der Scheinwelt grenzenloser Kommunikation bewegenden und sich an seinem PC isolierenden Mensch des Internetzeitalters droht nach biblischem Verständnis Wesentliches verlorenzugehen: nämlich der Bezug zu einem personalen Gegenüber, ja der Bezug zum Leben und letztlich der Bezug zu sich selbst. Die tiefe Einsamkeit und die Depression, die in unserer Gesellschaft herrschen, der schonungslose Umgang mit dem Leben, dem ungeborenen wie dem geborenen und dem sterbenden Leben, all das gründet nicht zuletzt in der Vernachlässigung unserer Beziehungen, unserer Beziehungen zum Nächsten – und zu Gott.

Der Verfasser des Michawortes wusste sehr genau um den Zusammenhang zwischen einer gestörten Gottesbeziehung und einer Störung in den Beziehungen zu unserem Nächsten und zu uns selbst. Daher beschließt er seinen Dreiklang mit dem Hinweis auf das *Demütig-Sein vor Gott*, genauer: mit dem Hinweis auf das bereitwillige Gehen mit Gott. „Gut", lebensförderlich ist es, mit Gott auf dem Weg zu sein, mit Gott auf dem Weg zu sein, wie Israel in der Wüste, wie Mose auf dem Berg Sinai. Mit Gott die Berge meines Lebens besteigen, mit Gott wie Mose Blicke in das gelobte Land tun, das bereichert das Leben, das fördert mein Leben, das ist gut.

Demütig sein vor Gott, das heißt nicht „sich klein machen vor Gott", sondern das heißt: konstant sprechen mit Gott, immer wieder im Gebet sagen: „Gott, hilf du mir bei meiner Entscheidung"; demütig sein vor Gott, das meint nicht „blicke unter dich", sondern: „sieh genau hin, wo Gott seine Spuren hinterlassen hat." Lies die Geschichte deines Lebens als eine Geschichte Gottes mit dir.

Beharrlich den Weg des Lebens mit Gott gehen, das heißt: genau hinhören, wo Gott spricht. Martin Buber soll einmal gesagt haben: „Gott spricht. Wir hören ihn nur nicht, weil wir zu laut sind." Die Ohren ganz weit öffnen, dann können wir Gott hören, in der Bibel oder im Gottesdienst, aber auch im Alltag, im Wort eines anderen Menschen.

Wenn mir deutlich wird: mein Leben hat Sinn, ich gehe den Weg meines Lebens nicht allein, sondern ich komme von Gott, ich gehe mit Gott und ich gehe zu Gott, wenn mir das deutlich wird: *dann hat Gott gesprochen*.

Der Mensch ist ein Wesen, das sich immer wieder entscheiden muss. Micha verrät uns, was wir zum Rahmen und zur Orientierung unserer Entscheidungen machen können: dem Leben dienen, mit Gott rechnen, Beziehungen stiften, Heiland sein.

Das Wunderbare an Michas Spruch ist, dass der Maßstab des Handelns des Menschen genau der Maßstab des Handelns Gottes ist: „Recht tun, Liebe üben und beharrlich mit dem Menschen auf dem Weg sein" – so handelt nach dem biblischen Zeugnis immer wieder Gott selbst. Das Handeln des Menschen soll also die Kehrseite dieses Handelns Gottes sein. In meinen Entscheidungen soll sich Gottes Entscheidung spiegeln. Wo es gelingt, dass in meinen Entscheidungen und in meinem Handeln Gott, der das Leben liebt, sichtbar wird, da habe ich mich richtig und gut entschieden.

„Und der Friede Gottes, der höher ist als alle Vernunft, der bewahre Eure Herzen und Sinne in Christus Jesus. Amen."

Zion – Vom Grund der Hoffnung und der Verwandlung der Welt[73]

Sacharja 9,9–10

„Gnade sei mit Euch und Friede von Gott unserem Vater und dem Herrn Jesus Christus."

Liebe Gemeinde,
der Predigttext für diesen Sonntag steht im Buch des Propheten Sacharja im neunten Kapitel. Sie finden ihn auf Ihrem Gottesdienstblatt in der Übersetzung Martin Luthers und können ihn gerne mitlesen.

9 Du, Tochter Zion, freue dich sehr, und du, Tochter Jerusalem, jauchze! Siehe, dein König kommt zu dir, ein Gerechter und ein Helfer, arm und reitet auf einem Esel, auf einem Füllen der Eselin. 10 Denn ich will die Wagen wegtun aus Ephraim und die Rosse aus Jerusalem, und der Kriegsbogen soll zerbrochen werden. Denn er wird Frieden gebieten den Völkern, und seine Herrschaft wird sein von einem Meer bis zum andern und vom Strom bis an die Enden der Erde.

Soweit unser Predigttext. Vielleicht fragt sich jetzt mancher von Ihnen, ob dies die richtige Textauswahl für den heutigen Sonntag ist. Ein Adventstext mitten im August? „Tochter Zion, freue dich" – Gehört das nicht in die Vorweihnachtszeit? Und was soll ein Text, den die frühe Christenheit auf Jesus von Nazareth bezogen hat, weil sie in ihm den hier angekündigten königlichen Messias erblickt hat, am Israelsonntag? Ein messianischer Text an einem Tag, da die christliche Gemeinde an die vielfachen Zerstörungen Jerusalems denkt, da die Kirche sich ihrer Verbundenheit mit Israel erinnert, da die Kirche bekennt, dass sie sich immer wieder an ihren jüdischen Geschwistern verschuldet

[73] Gehalten am Israelsonntag, 10. Sonntag nach Trinitatis, 12.8.2012, in der evangelischen St. Marienkirche Berlin – Mitte.

hat und da die Kirche sich mit Paulus der Gültigkeit der Israel von Gott gegebenen Verheißungen vergewissert? In
zwei Gedankenkreisen will ich mit Ihnen, liebe Gemeinde,
diesen Fragen nachgehen.

Ein erster Gedankenkreis: Begründete Hoffnung

Durch die gesamte Geschichte Israels, wie sie in der Hebräischen Bibel erinnert und gedeutet wird, zieht sich die
Überzeugung, dass Gott handelt – und das ganz konkret.
Er spricht zu Menschen, setzt sich in Beziehung zu ihnen,
gibt dem Leben des Einzelnen und der Gemeinschaft Sinn.
Gott stiftet Leben, eröffnet Lebensräume und schenkt Zukunft. Beispielhaft für diese Grundüberzeugung steht die
Perikope von der Berufung Abrahams, die wir vorhin in der
alttestamentlichen Lesung gehört haben (Gen 12,1-3).

*1 Und der HERR sprach zu Abram: Geh aus deinem Vater-
land und von deiner Verwandtschaft und aus deines Vaters
Hause in ein Land, das ich dir zeigen will. 2 Und ich will
dich zum großen Volk machen und will dich segnen und dir
einen großen Namen machen, und du sollst ein Segen sein. 3
Ich will segnen, die dich segnen, und verfluchen, die dich verfluchen; und in dir sollen gesegnet werden alle Geschlechter auf
Erden.*

Der hier in Genesis 12 ausgedrückte Vierklang ist gleichnishaft für Gottes Handeln im Alten wie im Neuen Testament: Gott spricht an, gibt einen konkreten Auftrag und
eine konkrete Verheißung und bestimmt das Verhältnis des
so Angesprochenen zu seiner Umwelt ganz neu. Der von
Gott angesprochene Mensch wird auf einen Weg geschickt,
mit Aussicht auf Zukunft, ausgestattet mit der Gabe und
Aufgabe, Zeichen für andere zu sein.

Vorbildhaft mag das auch für unser eigenes Leben gelten:
Gott spricht mich an, schickt mich auf einen Weg, begabt
mich und lässt mich für andere ein Zeichen sein. Oft erschließt sich solch ein Handeln Gottes für mich vielleicht
erst im Nachhinein, wenn ich auf Stationen meines Lebens
zurückblicke und versuche, mein Leben einmal aus *der* Per-

spektive zu betrachten, dass in ihm und mit ihm Gott handelt.

Neben der Grundüberzeugung Israels, von Gott angesprochen, von Gott mit Lebensraum und Lebensperspektive beschenkt und von Gott zum Zeichen für andere bestimmt zu sein, steht aber gleichfalls die Erfahrung von Zerstörung und Tod, von Unterdrückung und Gewalt. Auch davon haben wir schon beispielhaft in diesem Gottesdienst gehört, als wir Psalm 129 (V. 1–4) gebetet haben:

1 Sie haben mich oft bedrängt von meiner Jugend auf – so sage Israel –,
2 sie haben mich oft bedrängt von meiner Jugend auf; aber sie haben mich nicht überwältigt.
3 Die Pflüger haben auf meinem Rücken geackert und ihre Furchen langgezogen.
4 Der HERR, der gerecht ist, hat der Gottlosen Stricke zerhauen.

Die Pflüger haben auf meinem Rücken geackert und ihre Furchen lang gezogen (Ps 129,3). Die Geschichte des alttestamentlichen Israel ist voll von Leiderfahrungen: die Zerstörung des Jerusalemer Tempels 587 v. Chr., der Verlust des als Garant für Recht angesehenen Königs und des als Gabe Gottes verstandenen Landes, das Exil, das Leben in der Fremde und Verbote, die eigene Religion mit all ihren Riten zu leben. In der nachbiblischen jüdischen Geschichte sind unendlich viele Leiderfahrungen hinzugekommen, Leid in unvorstellbarem Ausmaß und dies nur allzu häufig auch im Namen der Kirche und von Christen verübt.

Beide Erfahrungen – die des gnädigen Angesprochenseins von Gott und die des schonungslosen Leidens in der Welt – stehen in der Hebräischen Bibel unmittelbar nebeneinander und werden verbunden durch das Phänomen der Hoffnung, der begründeten Hoffnung.

Die Hoffnung ist ein roter Faden, der sich durch die gesamte heilige Schrift zieht. Unser Text aus dem Buch des Propheten Sacharja lebt geradezu von der Hoffnung, von der Hoffnung, dass Gott selbst anspricht, dass ER handelt

und dass *ER* die Lebensverhältnisse grundlegend wandelt.
Sach 9 ist ein Hoffnungstext, ein Text von der Hoffnung
auf und der Sehnsucht nach Frieden – man könnte auch
sagen von der Hoffnung auf vollständige Integrität; ein
Gedicht – denn Sach 9,9-10 ist im Hebräischen Poesie –
ein Lied von der Sehnsucht, dass meine Beziehung zu Gott,
zu mir selbst, zu meinen Mitmenschen in Ordnung
kommt, dass sie heil und damit friedvoll wird.

Weil diese Hoffnung, weil diese Sehnsucht sich aber an
und auf den Gott richtet, der schon in der Vergangenheit
gehandelt hat, ist diese Hoffnung, ist diese Sehnsucht nicht
grundlos.

Wenn die jüdische Gemeinde am 9. Av, dem Gedenktag
der Zerstörung des Jerusalemer Tempels, mit Worten des
dritten Klagelieds betet: *Die Güte des HERRN ist's, dass wir
nicht gar aus sind, seine Barmherzigkeit hat noch kein Ende,
sondern sie ist alle Morgen neu, und deine Treue ist groß.*
(Klgl 3,22–23), dann sind wir genau in dem Milieu aus
dem auch unser Predigttext stammt: in einem Milieu, für
das die Hoffnung stärker ist als die Depression. So stehen
hinter unserem Sacharjawort Kreise und Tradenten, für die
das Chaos und der Tod trotz aller gegenläufiger Erfahrungen nicht das letzte Wort haben werden; Kreise, für die angesichts politischer und religiöser Orientierungslosigkeit
und angesichts massiver kultureller und ökonomischer
Umwälzungen, die Hoffnung auf eine grundlegende heil-
volle Veränderung der Welt gerade keine Utopie ist.

Ein zweiter Gedankenkreis: Transformation der Welt

Die Veränderung der Welt, so wie sie Sach 9 erwartet, ist
gekennzeichnet von grenzenlosem *Jubel.* Am Anfang der
Veränderung der Welt, so wie sie der Prophet hier verheißt,
steht ein göttliches „Freue dich!". „Freue dich!" – das ist ein
Evangelium in Kurzform, im Hebräischen sind es nur vier
Buchstaben: *gîlî* „freue dich" – Gottes erstes Wort ist hier
ein Aufruf zur Freude. Das erinnert an das göttliche Schöp-
ferwort „Es werde" im ersten Schöpfungsbericht (Gen 1,3).
Denn aus Freude kann Mut zum Leben fließen. Ein Lä-
cheln verändert die Welt, zumindest transformiert sie meine kleine Welt, in der ich gerade lebe, und mein Leben,

und sei es auch nur für einen Augenblick. Ein Gott, der so spricht, der Freude zuspricht, muss ein Gott des Lebens sein.

Die hier beschriebene Veränderung der Welt beginnt am *Zion*, an der Stätte, die in der alttestamentlichen Tradition als Gottes- und als Weltberg, als Mittelpunkt des Kosmos und als Gravitationszentrum des Handelns Gottes erscheint, und sie erstreckt sich von einem Meer zum anderen. Das heißt: Die Veränderung hat einen ganz bestimmten, lokal festgelegten Ausgangspunkt und nimmt universale Ausmaße. Gottes Handeln macht an keiner Grenze halt. Dabei ist es hier Gott selbst, welcher der Tochter Zion – einer Chiffre für die als Frau und Mutter angesprochene Stadt Jerusalem – wie ein Bote den Aufruf zur Freude und zum Jubel zusagt, es ist Gott, der sich selbst mittels des von ihm zugesagten Königs zu Israel in Beziehung setzt und der die Kriegswagen und Streitpferde in Ephraim und Jerusalem vernichtet.

Das ist ein starkes Bild, sowohl für seine ersten Adressaten als auch für die nachfolgenden Zeiten; prägt doch das Stadtbild Jerusalems bis heute die ständige Präsenz von Waffen. Ein öffentlicher Platz in Israel ohne Maschinengewehre, ein Gazastreifen ohne Raketen, ein Sinai ohne Panzer: nichts weniger als das verheißt hier der Prophet. Doch dabei bleibt er nicht stehen: Am Zion beginnt die Entwaffnung der ganzen Welt.

Wie Margarete Susman in ihrem tiefgründigen und erschütternden Versuch, aus jüdischer Sicht das Unbegreifliche der Shoah als stellvertretendes und zeichenhaftes Leiden Israels für die Welt zu deuten,[74] so steht hier Zion stellvertretend und zeichenhaft für die Verbannung des Kriegs aus der Welt. Wie an anderen Stellen des Alten Testaments entscheidet sich hier an Zion, man könnte auch sagen an Israel, die Geschichte der Menschheit und die Gschichte Gottes mit den Menschen. Stirbt Israel, so stirbt

---

[74] Margarete Susman. Das Buch Hiob und das Schicksal des Jüdischen Volkes, Zürich 1946; Neuausgabe: Mit einem Vorwort von Hermann Levin Goldschmidt, Frankfurt am Main 1996.

letztlich die Menschheit und mit ihr die Beziehung zwischen Gott und Mensch. Auch das hat Margarete Susman in ihrem Buch von 1946 gezeigt: Lebt Israel, so lebt die Menschheit und mit ihr die Beziehung zwischen Gott und Mensch. Weil Gott ein Gott des Lebens ist, hält er Zion und damit die Menschheit und die Beziehung dieser zu ihm selbst am Leben.

In diesen Prozess der Lebenserhaltung Israels, der Menschheit und der Gottesbeziehung ist nun, und darin besteht die Besonderheit unseres Sacharjatextes, ein *Friedenskönig* integriert. In die königlose – und damit nach antikem Verständnis – chaotische Zeit hinein kommt als Garant von Recht und Gerechtigkeit, von Solidarität mit den Armen und von wirtschaftlicher Sicherheit ein neuer König; ein neuer König mit vier Prädikaten: *ein Gerechter und ein Helfer, arm und reitet auf einem Esel.*

Doch so eindeutig, wie Luther hier übersetzt, sind die vier Prädikate nicht. Klar ist das erste Attribut: er ist „gerecht" und das meint, er ist einer, der sich der Gemeinschaft mit Gott und den Menschen entsprechend verhält, der in der Gemeinschaft mit Gott lebt und dies in seinem Leben abspiegelt. „Gerecht" ist im Alten Testament, bezogen auf einen Menschen, ein Attribut des Königs und des Frommen. Doch was verbirgt sich hinter dem „Helfer"? Luther folgt den alten Übersetzungen der hebräischen heiligen Schriften ins Griechische und Lateinische und sieht hier die Kennzeichnung des verheißenen Königs als Heiland und als Retter. Zur Zeit der Abfassung der antiken griechischen Übersetzung beanspruchten diesen Titel die hellenistischen Könige, später die römischen Kaiser – und damit tritt unser Text in eine bewusste Konkurrenz zu politischen Herrschaftsansprüchen, sei es in Alexandria, Antiochia oder Rom. Die Botschaft lautet dann eindeutig: Der eigentliche von Gott gesandte Retter ist der zum Zion kommende König Israels.

Der hebräische Text von Sach 9 hingegen hat eine etwas andere Nuance: Hier erscheint der kommende König als einer, der *selbst Hilfe von Gott* erfahren hat, als ein von Gott Erretteter. Diese Kennzeichnung wird durch das dritte

Prädikat „arm" unterstrichen, das sowohl im Sinn von „demütig" als auch „gedemütigt, erniedrigt" verstanden werden kann. Trifft letztere Deutung zu, dann erscheint der hier erwartete kommende König als ein leidender Gottesknecht, als ein alles von Gott erwartender Gerechter, wie es im vierten Gottesknechtslied heißt (vgl. Jes 52,13– 53,12). Und dennoch reitet dieser König auf einem königlichen Reittier, dem Esel. Anders als in unserer heutigen Bildwelt galt im alten Israel der Esel als *das* Reittier des Königs.

So ist das Bild dieses Königs, von dem Sacharja spricht, paradox: Er steht in engster Beziehung zu Gott, lebt aus dessen Gnade, erscheint vor der Welt als hilfsbedürftig, aber kommt auf dem Tier daher, auf dem einst die Könige Judas zur Salbung geführt wurden, und bringt letztlich den Völkern durch sein Wort den von der ganzen Welt ersehnten Frieden. Angesichts der Paradoxie der Erfahrungen von Gewalt, Krieg und Tod, der Hoffnung auf deren Ende und des Festhaltens an einem Gott, der seinem Volk Leiden nicht erspart, kann die Wende zum Heil offenbar nur durch eine paradoxe Figur erfolgen.

Es ist gerade diese Paradoxie, die im Neuen Testament zur Deutung des Auftretens Jesu mittels dieses Textes geführt hat (Mt 21,1–11). Weil Menschen in der Begegnung mit Jesus von Nazareth die unmittelbare Nähe Gottes gespürt haben, weil Menschen im Kontakt mit Jesus ihre Zerrissenheit überwunden und etwas von Gottes umfassendem Frieden gespürt haben, konnten sie in ihm, dem so ganz und gar nicht königlich Daherkommenden, den von Sacharja angekündigten Gerechten sehen.

Weil aber gleichzeitig die von Sacharja angekündigte universale Friedensherrschaft angesichts der Kriege in der Welt und der Gewalt zwischen Völkern und Religionen noch nicht realisiert ist, hat die frühe Kirche diesen Text als Teil ihrer heiligen Schrift bewahrt und teilt sie mit Israel die Hoffnung, dass einst alle Waffen vernichtet werden und Friede bis an die Enden der Erde währt.

So führt uns Sach 9 schließlich ins Zentrum der Beziehung zwischen Kirche und Israel: Dieser Text steht für das dem

Judentum und Christentum gemeinsame Verständnis Gottes als einem Gott, dem die Menschen und damit auch mein eigenes Leben am Herz liegen, der die Geschichte und damit auch meine eigene Lebensgeschichte zu einem heilvollen Ziel bringen will, und der sich dazu anderer Menschen bedient, die selbst aus der Gerechtigkeit Gottes leben.

Wo ich mir selbst von Gott zusagen lasse, mich über und an Gott zu freuen, weil er selbst all die kleinen und großen Konflikte, die mich in meinem täglichen Leben belasten, überwindet, ist mir mein Friedenskönig schon begegnet, da ist meine Welt schon verwandelt und da hat meine Hoffnung auf eine grundlegende Veränderung der Welt, die einst am Zion beginnt, einen guten Grund.

„Und der Friede Gottes, der höher ist als alle Vernunft, bewahre Eure Herzen und Sinne in Christus Jesus. Amen.“

„Gott hat den Tod nicht gemacht"[75]

Weisheit Salomos 1,13–15

„Gnade sei mit Euch und Friede von Gott unserem Vater und dem Herrn Jesus Christus."

Liebe Gemeinde,
eine Millionenstadt an Flüssen, Haus an Haus und enge Straßenschluchten, Berge von Müll und weite Plätze, Tempel, Theater und Bibliotheken, Kaufrausch und Arme in der Gosse, all das unter den Augen der hochverehrten Isis, der Stifterin von Recht und Ordnung, und unter den Blicken des Zeus, des Allmächtigen und des Retters: Die Welt, aus der unser Predigttext stammt, ist gar nicht so verschieden von unserer Welt: Erlebnisse ohne Grenzen, Deutungsangebote ohne Zahl, Prediger des höchsten Gottes und glühende Anhänger des Nichts, Straßenkinder und Superreiche, Luxus, Informationsfluten und Bildungsarmut: Alexandria um die Zeitenwende und Berlin heute haben manches gemein. Mitten in diesen Schmelztiegel von altem Ägypten und griechisch-römischer Modernität, in dieses Zusammenspiel der Götter des alten Pharaonenreichs und der sich selbst zum Gott erklärenden hellenistischen Politiker, in eine Stadt, wo Leben und Tod ganz eng zusammengehören, schreibt unser anonymer Griechisch sprechender jüdischer Autor:

13 Denn Gott hat den Tod nicht gemacht und hat keine Freude am Untergang der Lebenden. 14 Zum Dasein hat er alles geschaffen, und heilbringend sind die Geschöpfe der Welt. Kein Gift des Verderbens ist in ihnen, das Reich des Todes hat keine Macht auf der Erde; 15 denn die Gerechtigkeit ist unsterblich.

[75] Gehalten im Semestereröffnungsgottesdienst am 13.4.2015, in der evangelischen St. Marienkirche zu Berlin.

Wir kennen den Verfasser dieser Zeilen nicht, seine Gleichsetzung mit dem legendären König Salomo stammt aus
späterer Zeit und ist aus Anspielungen in diesem Buch
selbst erschlossen. Er war ein Weiser, der die heiligen
Schriften Israels ebenso kannte wie Platon und die Stoa.
Beides, die Schriften Israels und die Philosophie der Griechen, verbindet er in seinem Werk zu einer einzigartigen
Werbung für die göttliche Weisheit, die dem, der sie in
Liebe sucht, das Leben erschließt und den sie in die Ge-
heimnisse Gottes, in die tiefsten Mysterien einführt. Dabei
ist es die *jüdische* Weisheit, die unser unbekannter Verfasser
in ein griechisches Gewand kleidet, es ist die *jüdische* Weisheit, die er der ägyptisch-griechischen Göttin Isis zur Seite
stellt, und es ist der *eine jüdische* Gott, wie ihn die Schriften
Israels als den Schöpfer der Welt und den Lenker der Geschichte bekennen, von dem unser Dichter spricht. So ist
unser kleiner Text aus dem Proömium der Sapientia Salo-
monis, wie diese Schrift auch genannt wird, eigentlich eine
Auslegung der ersten vier Kapitel der Bibel: die Erschaffung
der Welt und die von Gott in diese gelegte Ordnung allen
Lebens, die dem Menschen verliehene Gabe und Aufgabe
als Gottes Ebenbild, die Suche nach der Erkenntnis von
Gut und Böse, die Erfahrung des Todes, von Gottes Nähe
und Gottes Ferne – kurz: Gen 1–4 leuchten in unserem
Predigttext ebenso auf wie der platonische Gedanke des guten Schöpfergottes, in dem kein Neid wohnt.
An diesem kleinen Text zeigt sich ein Element, wie es für
jüdischen Glauben und in dessen Schatten für christlichen
Glauben konstitutiv ist: Glaube vollzieht sich im Modus
der Schriftauslegung, Glaube ist Schriftauslegung – und
zwar in einem doppelten Sinn: Zum Glauben gehört die
Schrift, ohne Schrift kein Glaube. Das gilt für das antike
Judentum ebenso wie für das frühe Christentum, wenn es
sich zur Deutung des Christusereignisses immer wieder auf
die Schrift bezieht, und das gilt für jüdischen und christlichen Glauben in der Gegenwart: Ohne Schrift kein Glaube.
Zur Schrift gehört aber die Auslegung dazu – dies gilt für
die biblischen Schriften selbst, die in einem langen Prozess

von Auslegung und Auslegung der Auslegung entstanden
sind (und deshalb überhaupt die Zeiten überdauert haben) – und dies gilt für die Aneignung der Schrift, die nur
durch die stete Auslegung lebendig wird und nur durch
Auslegung ihre Kraft, Leben zu deuten und zu Gott zu führen, entfalten kann: Ohne Auslegung bleibt die Schrift
stumm. Und so gilt auch der Satz: Glaube ohne Auslegung
ist kein Glaube. Die Schrift und ihre Auslegung im Licht
der Schrift, im Licht jeweils neuer Lebenserfahrung und im
Licht neuer Lebensdeutungen gehören untrennbar zusammen.

Vielleicht deutlicher als andere biblische Schriften zeigt die
Sapientia, dass jüdischer und christlicher Glaube, wie es der
systematische Theologe Carl Heinz Ratschow (1911–1999)
formulierte, denkender Glaube ist.[76] Vor diesem Hintergrund erklärt sich der argumentative Charakter unseres
kleinen poetisch gestalteten „Traktates" in Weish 1,13–15,
für den drei zutiefst biblische Grundgedanken wesentlich
sind:

1. Gott ist ein Freund des Lebens.
2. Der Tod ist eine Macht, hat aber letztlich keine.
3. Gerechtigkeit ermöglicht Gemeinschaft mit Gott.

Diese drei Gedanken will ich mit Ihnen, liebe Gemeinde,
im Folgenden nachgehen.

Der erste Gedanke: Gott ist ein Freund des Lebens.

Gott liebt das Leben. Die Sapientia steht hier ganz in der
Tradition der biblischen Schöpfungserzählungen und des
Lobpreises Gottes als des Schöpfers in den Psalmen. In der
Schöpfung lassen sich die Spuren Gottes selbst ablesen, in
jeder neu aufbrechenden Knospe und in jedem neugebore-
nen Kind.

Gott, so wie ihn die Sapientia ihren Lesern, ursprünglich
Juden in Alexandria, vielleicht auch vereinzelt gebildete
Heiden, später Christen, die diese Schrift in ihren Kanon
aufgenommen haben, vor Augen stellt, ist ein Gott des Lebens. Gott hängt am Leben, wie es die Sapientia an anderer

---

[76] O. Kaiser (Hg.), Denkender Glaube. Festschrift für Carl Heinz Ratschow, Berlin / New York 1976.

Stelle in einer einmaligen Aufnahme eines sonst nur im paganen Bereich verwendeten Begriffs formuliert: Gott hängt am Leben (Weish 11,26) – Der, der am Kreuz hängt, hängt am Leben – das ist die Botschaft von Karfreitag. Gott hängt am Leben und freut sich am Leben seiner Geschöpfe.

Das ist ein merkwürdiger und zugleich urbiblischer Gedanke: Gott freut sich nicht am Untergang der Lebenden (1,13). Im Hintergrund stehen Formulierungen aus dem Ezechielbuch und dem ersten Schöpfungsbericht. Wie die Fortsetzung in V. 14 zeigt, klingen aber noch weitere biblische Texte an: Alles hat er zum Sein geschaffen. Er, der nach dem griechischen Text von Ex 3,14 selbst der Seiende ist, hat einst der Finsternis ein Ende gesetzt und das Leben begründet. Er hat es so begründet, dass es den Verfassern von Gen 1 durchgehend als gut, das heißt mit Sinn gefüllt erscheint. Die Sapientia bringt dies dann mit dem Motiv des Heils zusammen: Die Schöpfung ist heilbringend, diese Schöpfung ist heilvoll, weil sie zu dem Heilvollen, dem *sotér*, dem Heiland, gehört. In dieser Schöpfung selbst ist nichts Böses.

Einem dualistischen Weltbild wird hier ebenso eine Absage erteilt wie bestimmten gnostischen Vorstellungen vom Bösen in der Schöpfung. Die Schöpfung ist gut, weil der Schöpfer selbst gut ist. Das ist ein starkes Bekenntnis und zugleich eine kräftige Verheißung, eine Zusage, dass ich selbst ein Gegenstand der Freude Gottes bin, und eine Zusage, bei allen Erfahrungen des Bösen in der Welt nicht zu verzweifeln. Denn der Verfasser der Sapientia blendet schlimme Erfahrungen keineswegs aus. Dies wird deutlich im zweiten Grundgedanken unserer Perikope, und es zeigt sich durchgehend in der Sapientia, in der sowohl das vierte Gottesknechtslied (vgl. Jes 52,13–53,12) ausgelegt wird als auch Spuren konkreter Unterdrückungen jüdischer Menschen in Alexandria zu finden sind.

Der zweite Gedanke: Der Tod ist eine Macht, hat aber letztlich keine.

Der Tod ist eine nicht zu leugnende Realität. Das Sterben umgab den Verfasser der Sapientia ebenso wie es uns alltäglich umgibt, vielleicht war dieses Erleben für Pseudo-

Salomo noch viel unmittelbarer als es für uns ist, wobei ich
mir hier angesichts der Bilder von ertrunkenen Flüchtlin-
gen, von durch Terroristen Ermordeten und von Flugzeug-
katastrophen nicht so sicher bin.

Dabei ist in der Sapientia nicht das natürliche Sterben gemeint. Denn wie für die biblischen Verfasser insgesamt be-
inhaltet die Vorstellung der Erschaffung den Gedanken der
Sterblichkeit. Geschöpflichkeit und Sterblichkeit gehören
untrennbar zusammen. Was die sogenannte Priesterschrift
einfach mit der Notiz „und er starb" formuliert (vgl. Gen
5) und die nichtpriesterliche Schöpfungserzählung (wie
auch einzelne Psalmen und Weisheitslehrer) mit der Meta-
pher der Erschaffung des Menschen aus Ton ausdrückten
(vgl. Gen 2,7), gilt für alle biblischen Schriften: Der Tod
ist eine *conditio humana*.

Die Sapientia hat hier im Blick den vorzeitigen, gewaltsa-
men Tod *und* den geistlichen Tod, den Tod, der sich in
der Trennung von dem Gott des Lebens artikuliert und der
sich schon in diesem Leben vielfältig niederschlägt. Diese
beiden Formen des Todes, des mit Gewalt herbeigeführten
und der Trennung von Gott, entsprechen nicht dem Willen Gottes, der ein Freund des Lebens ist.

Jeder Totschlag ist ein Schlag gegen Gott selbst. All die
Fundamentalisten, die mit dem Ruf „Gott ist groß" auf den
Lippen einen Menschen totschlagen, sind in diesem Sinn
Gottesmörder. Das gilt für die vermeintlich christlichen
Kreuzritter vor Jerusalem ebenso wie für die islamistischen
Attentäter vom 7.1.2015 in Paris. Wer sich am Leben eines
Menschen vergreift, vergreift sich an Gott selbst. So leidet
der Freund des Lebens am Leid dieses Lebens selbst mit.
Der Gedanke der Erschaffung des Menschen zum Bilde
Gottes wirkt hier ebenso nach wie das Tötungsverbot des
Dekalogs.

Der Tod, der gewaltsame Tod, ist präsent – er war es in
Alexandria um die Zeitenwende ebenso wie im gegenwärtigen Berlin. Es gibt ein Gift des Verderbens, das sich durch
die Geschichte der Menschheit zieht – die Sapientia mit ihrem mörderischen Dreiklang von Tod, Verderben und vom
Hades, wie es in V. 14 im griechischen Urtext heißt, redet

hier nichts schön: Es gibt dieses Gift und es wirkt fortwährend – aber: es entspricht nicht dem Willen des Schöpfers und es entspringt nicht der Schöpfung.

Die vorangehenden Verse und andere Stellen der Sapientia bieten die Ätiologie des Todes: Es ist der Mensch in seiner Freiheit, der über den Menschen und die Schöpfung den Tod bringt. Dabei braucht gar nicht nur an gewaltsame Übergriffe und menschengewirkte Katastrophen gedacht zu werden. Alles, was dem Leben schadet, was von Gott als dem Schöpfer des Lebens wegbringt, gilt als todbringend. Dazu können, wie der unmittelbar unserem Predigttext vorangehende Abschnitt erläutert, auch Worte zählen. Die Sapientia weiß, dass Worte nicht nur beleidigen, sondern die Stimmung einer Gemeinschaft derart vergiften können, dass diese Gemeinschaft zerbricht. Die Sapientia ist auch hier zutiefst biblisch: Tod bedeutet in einem umfassenden Sinn die Zerstörung von Gemeinschaft. Wo die Beziehung zwischen Menschen zerbricht, wirkt das Gift des Verderbens, und wo keine Beziehung zwischen Gott und dem Menschen besteht, da herrscht der Tod. Vor diesem Hintergrund kann auch menschliches Leid, das offensichtlich nicht vom Menschen gewirkt wurde, so schlimm es ist, in einem anderen Licht erscheinen.

Dabei ist nochmals zu betonen, dass es dem Menschen frei steht, sich für das Leben und für den Tod zu entscheiden. Dies gilt auch im Blick auf die einmalige mythische Aussage der Sapientia, der zufolge der Neid des *diábolos*, des Teufels, den Tod in die Welt gebracht habe (2,24). Denn es war der Mensch, der in seiner Freiheit den Worten des Teufels folgte. Ganz im Sinn der Paradieserzählung und des Deuteronomiums hat der Mensch die freie Wahl. Der Tod, von dem die Sapientia in V. 13 und 14 personifiziert spricht, hat kein Reich, er hat kein Recht, wie es in der Lutherbibel von 1964 heißt. Er hat keine Herrschaft auf der Erde, unter die der Mensch zwangsläufig geraten muss. Er ist eine Macht, das zweifellos, aber diese Macht ist begrenzt: sie findet ihre Grenze am Gott des Lebens, der dem Menschen, der ihn sucht, eine jede Form des Todes überdauernde Gemeinschaft schenkt. Damit komme ich zum dritten und letzten Gedanken unseres kleinen Weisheitstextes.

Der dritte Gedanke: Gerechtigkeit ermöglicht Gemeinschaft mit Gott.

Gerechtigkeit ist ein Leitwort, das die gesamte Sapientia durchzieht und in dem sie grundlegende biblische Traditionen und philosophische Vorstellungen verbindet. Gerechtigkeit, so wie sie die Sapientia versteht, hat wesentliche ethische, rechtliche und religiöse Merkmale. Sie treffen sich alle darin, dass sich Gerechtigkeit von Gott her begründet. Denn Gerechtigkeit ist, wie die Sapientia an anderer Stelle ausführen kann, wesentlich Gotteserkenntnis, enges Vertrautsein mit Gott. Aus der Erkenntnis des einen und wahren Gottes als dem Freund des Lebens ergibt sich Gerechtigkeit, die sich selbst im Schutz des Lebens des anderen realisiert. In diesem Sinn ist Gerechtigkeit in doppelter Weise unsterblich: Gerechtigkeit bewahrt Leben und schenkt intensive Gemeinschaft mit Gott. Im Üben von Gerechtigkeit wird der Mensch seiner Aufgabe, „Bild Gottes" zu sein, gerecht und überwindet den Tod.

Dementsprechend bezeichnet die Sapientia diejenigen, die dem Leben, dem eigenen wie dem Nächsten, schaden als „ungerecht" – wesentlicher Prototyp eines Ungerechten ist für die Sapientia Kain, der seinen Bruder aus Neid erschlug (Gen 4). Die Sapientia erweist sich auch hier als feinfühlige Beobachterin: Missgunst ist wie unrechtes Reden ein todbringendes Gift – kein naturgegebenes, sondern ein vom Menschen produziertes und verabreichtes. Nun weiß auch die Sapientia, dass Erkenntnis Gottes, damit Gerechtigkeit und Gemeinschaft mit Gott nicht einfach da sind: Deshalb ruft sie immer wieder auf, diese zu suchen. Als wesentliche Hilfsmittel bei dieser Suche empfiehlt sie das Gebet und die Schriftauslegung.

Mit dem Dreiklang von Gott als Freund des Lebens, von der begrenzten Macht des Todes und von der untrennbaren Gemeinschaft mit Gott, die auch als Gerechtigkeit Gottes bezeichnet werden kann, bildet unser kleiner Text aus der Weisheit Salomos einen Ostertext im Alten Testament. Martin Luther hat die Sapientia einmal „eine rechte

Auslegung des ersten Gebots" genannt – vor dem Hintergrund der Verse in 1,13–15 könnte man auch von einem
„Evangelium im Alten Testament" sprechen, steht doch der
begrenzten Herrschaft des Todes die unbegrenzte Königsherrschaft Gottes gegenüber – und nicht nur wegen solcher
Evangeliumsworte hat das Alte Testament seinen unauf-
gebbaren Ort in der christlichen Kirche und der christlichen Theologie.

*„Und der Friede Gottes, der höher ist als alle Vernunft, be-
wahre eure Herzen und Sinne in Christus Jesus. Amen."*

„Und ich sah einen neuen Himmel und eine neue Erde"[77]

Offenbarung des Johannes 21,1–5

„Gnade sei mit Euch und Friede von Gott unserem Vater und dem Herrn Jesus Christus."

Liebe Gemeinde,
ruhig liegt es da, spiegelglatt, wie ausgegossenes Silber, das Meer, ganz langsam schiebt sich ein heller Streifen über diese Platte, wird stetig größer, schreibt sich ein auf die noch dunkle Fläche, Möwen fangen an zu tanzen, das Silber zieht nun kleine Kreise, formt sich zu Ringen, löst sich auf und sprudelt heran, jedes Sandkorn atmet Leben, ein tiefer Frieden geht aus von diesem Morgen ...
– Schnitt –
Die Erde bebt, Häuser bluten, der Lärm der Hubschrauber zerschneidet die Stille der Nacht, die Zedern sind längst nicht mehr grün, zerfetzter Stoff verseucht den Boden, Kinderhände krallen sich in den Staub, Verzweiflungsschreie stürmen zum Himmel ...
– Schnitt –
Einsam dreht ein Adler seine Kreise, über schneebedeckte Gipfel späht sein Auge, nur das Rauschen der sich ins Tal ergießenden Schmelzwasser begleitet den Gesang der sich im Frühlingswind wiegenden Baumwipfel, im Tal sprossen erste Blumen, erzählen auf ihre Weise vom Leben ...
– Schnitt –
Und wieder reißt eine Bombe ein Liebespaar auseinander, verendet ein Papageientaucher im klebrigen Öl, und wieder stöhnt die Erde unter den Ketten des Panzers, starren dich die hohlen Wangen und die vom Tod gezeichneten Augen hilfesuchend an, und wieder und wieder und wieder ...
Was ist das für eine Welt?

---

[77] Gehalten im Semesterabschlussgottesdienst am 18.2.2011 in der evangelischen St. Marienkirche zu Berlin.

Was ist das für eine Welt, so voll von Leben und Tod, von
Krieg und Frieden, von Liebe und Hass, von Blut und Sa-
men? Was ist das für eine Welt?
Wir hören Worte aus der Offenbarung des Johannes:

*1 Und ich sah einen neuen Himmel und eine neue Erde; denn
der erste Himmel und die erste Erde sind vergangen, und das
Meer ist nicht mehr. 2 Und ich sah die heilige Stadt, das neue
Jerusalem, von Gott aus dem Himmel herabkommen, bereitet
wie eine geschmückte Braut für ihren Mann. 3 Und ich hörte
eine große Stimme von dem Thron her, die sprach: Siehe da,
die Hütte Gottes bei den Menschen! Und er wird bei ihnen
wohnen, und sie werden sein Volk sein, und er selbst, Gott mit
ihnen, wird ihr Gott sein; 4 und Gott wird abwischen alle
Tränen von ihren Augen, und der Tod wird nicht mehr sein,
noch Leid noch Geschrei noch Schmerz wird mehr sein; denn
das Erste ist vergangen. 5 Und der auf dem Thron saß, sprach:
Siehe, ich mache alles neu! Und er spricht: Schreibe, denn diese Worte sind wahrhaftig und gewiss!*

Blicken wir mit der Vision des Sehers Johannes im Rücken
zurück auf die anfangs von mir beschriebene Welt. Blicken
wir mit der Gottesschau des Johannes zurück auf das in der
Morgensonne erstrahlende Meer, auf die zerbombte Häu-
serzeile, auf den am Himmel kreisenden Adler und auf die
Schreie der gequälten Geschöpfe, dann zeigt sich: Es ist die
Welt, in der *wir* leben, es ist die Welt, die uns alltäglich
umgibt, es ist meine und deine Welt, mit all ihren Seiten
des Lebens und des Todes, aber – und das ist nun das Besondere an der Vision des Johannes – es ist eine sterbende
Welt, es ist eine Welt, die unwiderruflich ihrem Ende ent-
gegengeht, es ist eine abgelebte Welt, trotz all ihrer schönen
Seiten, ihrer Wunder in der Natur und ihres Glanzes in
den Blütezeiten der Kulturen, es ist eine verendende Welt,
abgewirtschaftet, ausgelaugt, am Ende.
Es ist eine Grundüberzeugung der Bibel, dass die Welt, in
der wir leben, stirbt, dass diese Welt nicht nur verletzlich
und bedroht ist, sondern dass sie tatsächlich ein Ende haben wird. Der Seher Johannes drückt diese biblische

Grundüberzeugung vielleicht nur deutlicher aus als andere
Stimmen im Alten und im Neuen Testament: Diese Welt
geht ihrem Ende entgegen. Eigentlich wissen wir es ja
selbst: Jede Naturkatastrophe, jeder Terrorakt zeigt es uns
aufs Neue – und doch stellt sich nach gewisser Zeit immer
wieder die Überzeugung ein, es gehe weiter wie vorher, es
gehe alles seinen Gang, immer so weiter, es werde schon
wieder, die nächste Wirtschaftskrise lasse sich bestimmt
vorhersagen, die nächste Ölpest würden wir schon in den
Griff bekommen – doch das alles sind, folgt man Johannes
dem Seher, Illusionen, es sind Selbsttäuschungen und Ver-
drängungen; ihnen stellt der Seher seine Vision vom neuen
Himmel und der neuen Erde zur Seite.

Ein neuer Himmel und eine neue Erde, das heißt nicht:
„Nach den Wahlen wird alles besser", das heißt nicht „Wir
bekommen das schon in den Griff", das heißt nicht „Am
Ende siegt doch unser Kapital", sondern das heißt: Es wird
alles ganz anders; es wird alles ganz anders als bisher, es
wird neu; ein neuer Himmel und eine neue Erde, eine neue
Schöpfung und ein neuer Mensch. Ein neuer Himmel und
eine neue Erde: das wird eine verwandelte Welt sein, eine
von Gott selbst verwandelte Welt. Weil Gott diese Welt
verwandeln wird, erhält sie hier das Prädikat „neu". Und
genau an diesem Punkt steht die Vision des Johannes quer
zu unseren Fantasien vom unsterblichen Klon aus dem Reagenzglas, quer zu unseren Bildern von der Designererde
aus der Retorte: Die neue Welt, die Gott schaffen wird, ist
etwas anderes als die neue Welt jenseits des Atlantiks oder
als der goldene Westen, die neue Welt Gottes wird eine radikal veränderte Welt sein, eine Welt, in der das Chaos
verbannt sein wird, eine Welt, in der das, was dem Leben
schadet, keinen Platz mehr haben wird, eine Welt, die an-
gefüllt mit Leben ist.

Diese neue Welt lässt sich nicht machen; sie bricht einfach
an, wie eine Knospe, die plötzlich aufgeht. Diese neue Welt
lässt sich nicht erzwingen; das Neue bricht von außen ein,
wie ein Blitz aus heiterem Himmel. Johannes sieht dies im
Bild der vom Himmel herabsteigenden Stadt Jerusalem.
Das Neue bricht von außen ein, unverfügbar, aber ganz be-

stimmt, nicht vorhersagbar, aber unumstößlich: Gott selbst
bricht sich Bahn und kommt – insofern ist die Vision des
Johannes ein Adventstext mitten im Februar. Der Seher
sieht Gott kommen; Gott kommt in die Welt, er kommt
zur Welt und verwandelt damit diese Welt. Im Kommen
Gottes wird diese Welt, wird meine Welt neu, wird diese
Welt, wird meine Welt verwandelt.

Darin besteht das radikal Neue, das Johannes sieht: dass
Gott zum Menschen kommt, nicht dass der Fortschritt des
Menschen unendlich weiter geht, sondern dass die Geschichte Gottes mit dem Menschen eine neue Qualität erhält. Mit Gott Tür an Tür, das ist die Vision, die Johannes
hat; mit Gott unter einem Dach, ich mit meinem Gott an
einem Tisch, mit meinem Gott im Gespräch, mit meinem
Gott zusammen in jeder Lebenslage, ungestört und ganz
nah. Wie wäre das, mit Gott auf Du und Du – mit Gott
im Dialog, an einen Baum gelehnt, mit Gott zusammen la-
chen und sich freuen, über den Tanz der Schmetterlinge
und das Springen der Fische, mit Gott diskutieren über
Gott und die Welt! Das ist die Botschaft, die Johannes gesehen und gehört hat, die er empfangen und weitergegeben
hat, die er aufgeschrieben und in diese Zeit hineingeschrie-
ben hat.

Indem ich die Zeilen des Johannes lese, spüre ich schon etwas von dem Neuen anbrechen. Im Bild des Zeltes, das
Gott unter den Menschen aufschlägt, im Bild des Tempels,
den Gott sich selbst unter den Menschen baut, verwandelt
sich schon meine Welt. Hinter den Worten des Johannes
leuchtet etwas auf vom Garten Eden, von dem die ersten
Seiten der Bibel erzählen; in den Bildern des Johannes wird
etwas lebendig von den alten Erzählungen im zweiten Buch
Mose, von Gottes Zelt in der Wüste. So steht mir durch
das Wort des Johannes, wenn auch schemenhaft, das Paradies vor Augen, mein Paradies, wo ich Gottes Nähe unmittelbar spüren werde; ich ahne etwas von der Stätte, da Gott
mit mir in meiner Wüste reden wird, da Gott sich von mir
wie einst von Mose sehen, fühlen und lieben lässt.

Das Sterben in dieser Welt geht noch weiter wie das Leben;
aber ich ahne, dass es ein Ende haben wird. Dies reißt mich

heraus aus meiner Depression. Mit der Gewissheit, einst mit Gott durch die Straßen zu schlendern, lässt sich's schon jetzt leichter durch dieses Leben gehen.

Der Schrei der Vergewaltigten und Entrechteten klingt noch weiter wie der Jubel und die Lieder der Glückskinder, aber ich bin gewiss, dass dies alles verhallen wird. Diese Gewissheit lässt mich mein jetziges Leben in einer neuen Relation erkennen: Es ist ein Leben, das in jeder Beziehung auf Gott zuläuft. Meine Beziehung zu den Menschen, zur Welt und zu Gott werden einst ganz neu, weil Gott sie selbst neu machen wird. Es ist ein Leben, das weiß, was auf es zukommt: Gott selbst! Diese Vision lässt mich das End-liche annehmen, denn es wird ein Ende haben; diese Vision lässt mich das Fragmentarische, das mein Leben prägt und auch bei allen schönen Erfahrungen durchzieht, ertragen, denn es wird vollendet werden. Was mir jetzt als unlösbares Puzzle erscheint, wird einst zusammengefügt sein; das Puzzle meiner alltäglichen Arbeit und das Puzzle meiner Beziehungen, das Puzzle meiner Erfolge und das Puzzle meiner Niederlagen – Gott selbst wird mein Lebenspuzzle zusammensetzen. Er wird die Rätsel meines Lebens lösen.

Wann wird das sein? Johannes bleibt uns die Antwort schuldig. Es ist ihm auch nicht das Wichtigste. Entschei-dend ist vielmehr, dass dies geschehen wird. Die Vision des Johannes entwirft keinen Zeitplan für die Verwandlung dieser Welt. Seine Vision aber lässt diese Welt in einem neuen Licht, in einer neuen Perspektive und in einer neuen Dimension sehen. Seine Vision vermag ebenso aus Schmerz und Trauer herauszureißen wie von der Last zu befreien, selbst eine „schöne neue Welt" zu schaffen; sie vermag mit-ten in der Klage über das Leiden in der Welt eine Ahnung auf Gottes neue Welt zu wecken, Freude auf eine Welt, in der Gott und Mensch sich unmittelbar begegnen. Für den Seher Johannes ist dies weder eine Vertröstung auf das Jen-seits noch eine fromme Selbsttäuschung, sondern Ausdruck der tiefen Überzeugung, dass Gott selbst die Gemeinschaft mit dem Menschen, mit allen Menschen sucht.

Es sind starke Bilder, die Johannes gesehen hat, starke Bil-der für schwache Menschen; für Menschen, deren Welt

bedroht ist; und wer hat nicht selbst schon die Erfahrung
gemacht, dass die eigene kleine Welt zusammenbricht, dass
eine Freundschaft auseinandergeht, ein geliebter Mensch
jäh aus dem Leben gerissen wird, der eigene Lebensplan
durchkreuzt wird; wer kennt nicht das Gefühl, dass die
Hände gebunden, die Sprache verschwunden, die Ohren
taub und die Augen blind sind – gegen solche Erfahrungen
stehen die starken Bilder des Johannes, starke Bilder für
schwache Menschen, aber auch starke Bilder für starke
Menschen, Bilder, die entlasten, die schon jetzt zu einem
gelasseneren Leben ermutigen und die zur Vorfreude anre-
gen; Bilder, die mein Gesicht so zum Strahlen bringen sollen, wie das Gesicht eines kleinen Kindes, das sich auf seinen Geburtstag freut, oder wie das Gesicht eines Liebenden, der sich auf die Begegnung mit der Geliebten freut.
Denen, die an und in dieser Welt leiden, sagen: „Es wird
ein Ende haben"; denen, die glauben, dass sich doch nichts
ändern lässt, sagen: „Gott wird es ändern"; denen, die meinen, alles selbst zu schaffen, sagen: „Gott macht alles neu"
– das ist die Botschaft des Johannes von einem neuen
Himmel und einer neuen Erde; sie werden einst kommen:
der neue Himmel und die neue Erde! Mit dieser Hoffnung
lässt sich's leben, fröhlich und gelassen und dies an jedem
Tag.

*„Und der Friede Gottes, der höher ist als alle Vernunft, be-
wahre unsere Herzen und Sinne in Christus Jesus."*